Das Haus über dem Kirchhof

Ein Gut erzählt seine Geschichte

Elvis Benner

Inhalt

Ein Taufstein 15.01.1190

Die Finger waren steif von der frostigen Kälte und die Füße konnte Hartmut fast gar nicht mehr spüren. Und dabei war er warm eingepackt in dicke Decken und mehrere Gewänder aus Wolle übereinander.
So saß er vorne auf dem Bock des Ochsenkarrens. Sein Pferd war hinten angebunden und trottete gemächlich hinterher.
Die fünf Männer und zwei Frauen, die den Zug begleiteten, liefen neben dem Wagen her und schienen überhaupt nicht zu frieren. Wahrscheinlich lag dies aber nicht an wärmerer Kleidung, sondern an der Bewegung und Kraft, die sie aufwenden mussten, um den steilen Burgberg hinauf zu laufen.
Hartmut konnte nicht mehr selbst reiten. Nach fast zwei Wochen Reise hatte er sich die Schenkel wund geritten und es brannte wie Feuer, wenn man die Haut dort nur berühren wollte.

Nicht nur einmal mussten die Männer, die den Zug begleiteten, den Wagen aus dem Schlamm ziehen und auf der Grenze zwischen dem Erzbistum Köln und der Grafschaft Nassau wurden sie sogar Opfer eines Raubüberfalls, der allerdings unblutig und fast schon friedlich ausging, war doch außer einem großen Stein nicht viel zu erbeuten gewesen.
Die beiden Frauen sorgten für das leibliche Wohl und eine angenehme Stimmung auf der langen Reise von Köln bis ins ferne Biedenkopf.

Es war Januar und es war das Jahr 1190 nach der Geburt des Herrn angebrochen. Der Papst hatte zum Kreuzzug nach Jerusalem aufgerufen und viele Ritter aller Länder hatten sich Kaiser Friedrich Barbarossa und Richard Löwenherz angeschlossen und waren freudig weggezogen.

So war es nun oft an den jüngeren Brüdern, oder gar an den Frauen gelegen, das Erbe und das Hab und Gut im Bestand zu sichern und es zu verteidigen.

Biedenkopf aber, der Ort, den Hartmut stolz in seinem Namen trug, lag friedlich vor ihnen. Eingerahmt zwischen freundlich anmutenden Berggipfeln erhob sich der Burgberg aus den sumpfigen Niederungen der Lahn.
Die stolze und feste Burg, die den Gipfel krönte, hatten seine Vorfahren bereits vor Jahrzehnten im Auftrag des Landgrafen von Thüringen ausgebaut. Gemeinsam mit den beiden anderen ansässigen Rittergeschlechtern, den Hohenfels und den Döring, hatte man den mächtigen Bergfried errichtet, der auch schon von weitem die Silhouette bestimmte.

Mit den Hohenfels waren die Herren von Bidencap sehr nah verwandt und auch mit den Rittern von Döring teilte man nicht nur die Sippschaft, sondern auch die Herrschaft über die Burg und das Land an der oberen Lahn.
Auf einer Felsnase unterhalb der Burg war eine kleine Siedlung entstanden. Zunächst hatten sich Handwerker mit ihren Familien hier angesiedelt, die beim Bau der Burg beschäftigt waren. Später kamen Händler dazu und in ihrer Mitte hatten Leibeigene Bauern im Auftrag der Herren eine kleine Kapelle errichtet, die dem heiligen Erzengel Michael geweiht worden war.

Auch waren am Burgberg oberhalb der Kapelle drei Burgmannshöfe entstanden, die die Aufgabe hatten, die Burg und die ritterlichen Familien mit Gütern aus der Landwirtschaft zu versorgen.
Diese adeligen Burgmannshäuser waren nicht nur von allen Abgaben befreit, sondern waren als wehrhafte Festungen, also

als durch Mauern befestigte Anwesen, errichtet worden. Man konnte und sollte sie verteidigen können.
Wie kleine Burgen ragten sie hoch über die einfachen Hütten der Handwerker empor.
Besonders auffällig war das Burgmannshaus der Herren von Döring, das direkt oberhalb des Kirchhofs errichtet worden war. Es bestand aus einem Wohnhaus und mehreren Wirtschaftsgebäuden, die hufeisenförmig darum herum angelegt waren.
Alles war mit einer Mauer umgeben und an der südöstlichen Ecke hatte man sogar einen Wehrturm aus Stein errichtet. Auch bot ein riesiger Gewölbekeller die Möglichkeit Waren und Güter, aber vor allem Getränke aller Art sicher zu lagern.

Immer mehr Menschen zog es in die kleine Siedlung, bot sie doch durch die Anwesenheit von gleich drei Ritterfamilien Schutz vor Überfällen. Man könnte sagen, es breitete sich sogar ein Hauch von Wohlstand über den Dächern der kleinen Siedlung aus.
Die Kapelle war schon lange viel zu klein geworden und so hatte, auf Anfrage der ritterlichen Herren, der Erzbischof von Mainz die Erlaubnis erteilt, eine neue wesentlich größere Kirche am selben Ort zu errichten, die dem heiligen Johannes dem Evangelisten geweiht werden sollte.
Neben der ständig wachsenden Burg nun also eine weitere Großbaustelle in dem kleinen Ort, welche noch mehr Handwerker, Bauern und Händler anlockte.
Jetzt fehlte im Grunde nur noch eine Mauer um das ganze herum und ein Markt und eine neue Stadt war geboren.
Aber das war bisher nur ein Wunsch, waren an das Stadtrecht doch Privilegien und Freiheiten gebunden, von denen die Menschen jetzt nur träumen konnten.

Die Ochsen keuchten, als der Wagen mit seiner schweren Last die letzte Steigung hoch zur Baustelle der neuen Kirche kroch. Vor den Toren des Burgmannshauses der Dörings machte das Gespann nun endlich halt und Hartmut von Bidencap sprang vom Bock herunter und umarmte seinen Bruder Gumpert aufs Herzlichste.
„Gott segne Dich!“, hauchte er ihm ins Ohr, während Gumpert ihm einen Becher Wein vor die Nase hielt.
„Stärke Dich erst mit einem kräftigen Schluck, lieber Bruder. Oder haben die Dir im heiligen Köln das Saufen abgewöhnt?“
Beide lachten und Gumpert blickte erstaunt auf den riesigen Taufstein aus grauem Sandstein, der halb mit einem Leinentuch abgedeckt auf dem Wagen stand.

Hartmut hatte den Taufstein beim besten Steinmetz von ganz Köln in Auftrag gegeben. Er war ganz im Stil der Zeit gearbeitet und ungemein kostbar.
Niemand, keine andere Gemeinde in ganz Hessen, konnte sich rühmen, einen echten kölnischen Taufstein zu besitzen.
Nicht nur, dass die Steinmetzarbeit viel zu kostspielig gewesen wäre, sondern allein der wochenlange, gefährliche Transport wäre viel zu teuer und zu aufwändig gewesen.
Alles in allem für eine normale, durchschnittliche Gemeinde viel zu kostspielig und unbezahlbar.
Hartmut aber war, als er zehn Jahre alt war, von seinem Vater in die Dienste des Kölner Erzbischofs vermittelt worden. Er hatte dort eine hervorragende schulische Ausbildung erhalten und war schnell in den Rang eines hohen Beamten aufgestiegen.

Niemals aber hatte er seine Familie und seine alte Heimat Biedenkopf vergessen und alle paar Jahre zog es ihn nach Hause ins heimische Lahntal, um nach dem Rechten zu sehen. Und je älter und reicher er wurde, desto größer und teurer

wurden die Geschenke, die er aus der Reichsstadt mitbrachte. Dieser Taufstein aber war die Krönung all seiner guten Werke der alten Heimat gegenüber.
Es war ein Dankeschön an den Ort und die Menschen, die seine Wurzeln ausmachten. Ein Dank an den Ursprung seiner Existenz. Und nun sollte der Stein die neue Kirche schmücken, die da vor aller Augen in den Himmel wuchs.

„Mögen viele Jahrhunderte lang die Kinder Biedenkopfs aus ihm heraus getauft werden!“, sagte Hartmut stolz und selbstbewusst.

Nun trat auch Eberhard von Döring aus seiner Tür heraus und rief schon von weitem einen Gruß herüber.
Eberhard war der einzige der Burgmannen, der in seinem Burgmannshaus wohnte, weil er die kleine Siedlung und den Kirchenbau beaufsichtigte.
Gumpert von Bidencap und Gumpert von Hohenfels lebten mit ihren Familien oben auf der Burg. Für drei Familien reichte allerdings der Platz bei weitem nicht aus in den steinernen Gemächern und Kemenaten oben auf dem Berg.

„Kommt herein, es ist alles angerichtet.“, tönte es vom Haus der Döring herüber. „Ihr müsst müde und hungrig sein. In meiner Küche brennt ein wärmendes Feuer!“
Und so zogen sie hinein, die Ritter, in das Burgmannshaus über dem Kirchhof, wo in dieser Nacht das Fettlicht nicht gelöscht wurde und der Knecht mehr als zwanzig Mal mit vollen Krügen aus dem Keller in die Küche heraufstieg.
Man hatte so manches Lied zu singen und so manche Geschichte zu erzählen.
Und draußen auf dem Wagen stand der graue Taufstein. Und langsam legte sich eine Decke aus weißem Schnee über ihn.

Aber schon bald sollte er in der neuen Kirche stehen, für immer sicher vor allem Unwettern draußen in der Welt.

Wundersame Dinge 01.06.1232

Es war unerträglich heiß an diesem Tag. Die Sonne brannte auf Abba und die anderen drei Frauen. Sie blickten auf das Haus über dem Kirchhof. Abba kannte es gut. Seit mehr als zwanzig Jahren lebte sie dort als Küchenmagd für die dortige Ritterschaft. Sie liebte die langen Abende am offenen Feuer in der Rauchküche, wenn die Herrschaft von Turnieren und den Kreuzzügen berichtete. Auch erzog sie die Kinder. So gehörte sie fast schon zur Familie und durfte auch nachdem sie alt und krank geworden war im Hause bleiben und wurde von den anderen Bediensteten versorgt und gepflegt.

Heute aber bot nur der lange Schatten der vor zwanzig Jahren neu errichteten Johanneskirche etwas Linderung vor der heißen Sonne. Vorher hatte hier eine viel kleinere Kapelle gestanden, die dem heiligen Erzengel Michael geweiht war, aber man wollte sich ja nicht lumpen lassen. Immerhin hatte man vor einigen Jahren begonnen, den Flecken Biedenkopf mit Mauern zu befestigen und Märkte abzuhalten. Wenn daraus schon eine Stadt werden sollte, dann doch mit einer richtigen, modernen Hallenkirche und nicht mit einer Totenkapelle, wie früher.

Die Burg hoch über dem Ort war schon länger ausgebaut worden. Immerhin war es das Grenzgebiet, dass die Landgrafschaft Thüringen nach Westen hin gegenüber den Bistümern Mainz und Köln abschloss. Das musste gesichert werden. Ursprünglich noch zu den Zeiten der Gisonen, von denen die Landgrafen abstammten, hatten deren Gefolgsmänner, das Adelsgeschlecht de Bidencap, die Ritter von Hohenfels und die Döring, die Burg in Eigenleistung errichtet. Aber nachdem die Erben des Geschlechts der Gisonen von Warzenbach zunächst nach Marburg und später nach Eisenach übergesiedelt waren, wurden die alten Edelgeschlechter vor Ort immer mächtiger. Zu weit war Eisenach entfernt, als dass die Landgrafen hier im fernen Westen hätten alles unter Kontrolle haben können. Aber dennoch, von Rechts wegen gehörte der Landstrich an der oberen Lahn zum hessischen Teil Thüringens und das sollte auch so bleiben.

Die Herren de Bidencap hatten in den letzten Jahren einen steilen Aufstieg hingelegt. Einst ein einfaches Rittergeschlecht, waren sie nun in hohen Positionen am Hof des Kölner Erzbischofs tätig. Von dort stiftete einer von ihnen einen wunderbaren Taufstein in seine alte Heimat, der durch seine schöne Gestaltung im Land an der Lahn breite Bewunderung erfuhr. Andere aus dem Geschlecht waren in Marburg ansässig geworden und verfügten über Macht, Geld und Ansehen.

Vor ein paar Jahren hatte der Landgraf sich eine junge Braut aus Ungarn genommen. Elisabeth war ihr Name und sie war die Tochter des ungarischen Königs. Schnell fiel auf, dass sie nicht zum Herrschen, sondern zum Dienen geboren war. Der heilige Fanziskus war noch nicht lange gestorben und noch immer pilgerten seine Anhänger durch das Land und verbreiteten eine revolutionäre Botschaft: Gott will die Armut und den Dienst an den Armen und Schwachen. Das schreckte nicht nur die hohen Herren in den Kapitelsälen der Klöster und Kathedralen auf, sondern verunsicherte auch den Adel in seinem Selbstverständnis.

Nachdem ihr Mann auf einem Kreuzzug an einer schweren Krankheit gestorben war, schickte man die junge Witwe Elisabeth nach Marburg. Sie sollte auf der dortigen Burg, möglichst weit weg von den Zentralen der Macht, ihren Witwensitz einnehmen. Aber schon bald war von dem Geld,

das man ihr mitgegeben hatte, nichts mehr übrig. Elisabeth hatte ein Hospital in den Sümpfen an der Lahn gegründet, das Arme, Alte und Kranke aus der ganzen Umgebung und auch aus Biedenkopf anzog. Sie pflegte die Kranken und Sterbenden dort mit eigener Hand, bis sie selbst am 17. November 1231 im Alter von erst vierundzwanzig Jahren an Schwäche und Entbehrung verstarb.
Aber die Anziehungskraft, die der Ort inne hatte, war damit nicht verflogen. Schon schnell nach ihrem Tod verbreiteten sich in der gesamten Gegend wundersame Geschichten von Heilungen und Erscheinungen, die sich am Grab der jungen Landgräfin ereignet haben sollten. Und auch viele Menschen aus Biedenkopf und dem Breidenbacher Grund wussten von solchen Wundern zu berichten.

Abba hatten sich auf die Erde gesetzt. Es war erträglich an der Nordwand der Kirche mit Blick auf den Burgmannsitz der Herren von Hohenfels und Döring, der vor einigen Jahren oberhalb des Kirchhofes direkt auf die Stadtmauer und über einem riesigen Gewölbekeller errichtet worden war. Trutzig stand er da, verglichen mit den einfachen Hütten der restlichen Stadtbewohner. Sogar einen steinernen Wehrturm hatte er und war damit gemeinsam mit einem zweiten Burgsitz am genau entgegengesetzten Ende der Stadt sozusagen eine Vorburg zur Verteidigung der Stadt und der Burg auf dem Gipfel des Berges. Sogar einen Torbogen aus echtem behauenem Sandstein hatten die Ritter von Döring in den Eingang des Kellergewölbes einbauen lassen, was von echtem Reichtum zeugte. Das eigentliche Wohngebäude, das über dem Keller errichtet worden war, war recht einfach aber zweckmäßig gehalten. Zweigeschossig immerhin. Auch das war selten in der Stadt. Hier hatten die Adelsfamilien ihre Verwandten und das Gesinde untergebracht. Sie selbst residierten zu dieser Zeit auf der Burg, wie es sich gehörte.

Hedwig, Berta, Mechthild und Abba warteten darauf, dass sie hereingerufen wurden.
Eine Stunde zuvor war klappernd ein geschlossener Wagen mit vergitterten Fenstern die Gasse hinaufgepoltert, gezogen von gleich zwei Pferden. Darin wurde ein päpstlicher Gesandter in die Stadt gebracht, der die Untersuchungen und Befragungen leiten sollte. Solch einen hohen Herren mit seidenen und goldenen Gewändern hatten die vier Frauen noch nicht gesehen. Als er ausstieg hatte er sie gesegnet und Mechthild durfte seinen Ring küssen. Wenn das nicht ähnlich viel bewirkt wie vier oder fünf Ave Maria und drei Vaterunser, dachte sie.

Als erstes verschwand der hohe geistliche Herr in der Kirche, während die beiden gepanzerten Wachen, die den Wagen begleitet hatten, vor dem Kirchenportal warteten und herzhaft in eine mitgeführte Wurst bissen. Nach nicht einmal zehn Minuten erschien der Weihbischof erneut in der Tür. Diesmal noch prächtiger mit einem goldenen Messgewand und einer Mitra auf dem Kopf. Schwungvoll rammte er seinen Krummstab in den Dreck, als er das Haus über dem Kirchhof ansteuerte. Die örtliche Priesterschaft folgte ihm aufgeregt in einem gewissen Abstand. Und schnell verschwanden alle im niedrigen Eingang des Burgmannssitzes, wo die ansässige Ritterschaft bereits ungeduldig wartete. Der Bischof hatte es selbst entschieden, die Befragungen in der Stadt zu machen und nicht auf der Burg. Immerhin wollte er alles mit einer Heiligen Messe beschließen und man hätte dafür noch einmal alles Volk in Bewegung setzen müssen, den Burgberg herunter und in die Kirche hinein. So war es einfacher. Außerdem lagerten im erwähnten Gewölbekeller die Vorräte an Speis und Trank, was die Entscheidung noch einmal vereinfachte.

Nach einiger Zeit trat einer der Wachen vor die Tür und rief die vier Frauen mit herrischer Stimme herein.
Sie standen auf, klopften sich den Staub aus den Kleidern und schritten wie in einer Prozession die Treppen hinauf und in das Dunkel des Fachwerkbaus hinein.

Würde man ihnen glauben, oder würde man sie als verrückt oder gar als Ketzerinnen behandeln? Eine gewisse Angst blieb den Frauen.
„Nun berichtet nacheinander, was ihr erlebt und erfahren habt“, sprach der Bischof, während der Schreiber bereits etwas kritzelte, obwohl noch keiner etwas gesagt hatte.
„Der Heilige Vater in Rom möchte über alle Details genau unterrichtet werden!“, fügte er hinzu.
Und so erzählten sie eine nach der anderen.

Guda begann zu weinen und berichtete, wie sie seit vielen Jahren an einem Blutfluss gelitten hatte und an Geschwüren am Hals. Die waren so schlimm, dass die Kleidung ständig vollgesogen war mit dem herausströmenden Eiter. Die Hunde der Stadt liefen ihr nach, um an ihr zu lecken. Da sei sie nach Marburg gelaufen ans Grab der Elisabeth und habe um Fürbitte gebetet. Als sie zurück war in Biedenkopf hatte sie ihr Mann kaum wiedererkannt, denn sie sah aus wie das blühende Leben und war von dieser Stunde an geheilt.
Ebenso berichtete Berta davon, wie sie lange wegen eines Geschwürs, das ihr aus dem Auge wuchs, fast blind gewesen war und ihre Mutter ihr eine Messe im Hospital zu Marburg spendete, woraufhin sowohl das Geschwür und die Schmerzen davon verschwanden als auch das Augenlicht wiederkehrte.
Auch Hedwig, die schon als kleines Mädchen an bösen Geschwüren litt, wurde auf ähnliche Weise gesund.
Am schlimmsten hatte es Abba getroffen, die alt und krank war.

Ebenfalls fast blind hatte sie am ganzen Körper solche Schmerzen, dass sie sich nur mühsam im Bett aufrichten konnte. Auch konnte sie nur einige Schritte gehen, ohne dass sie leidend zusammenbrach. Für sie hatte man einen Wagen organisiert, der sie zum Grab der Elisabeth gefahren hatte. Dort angekommen waren die Schmerzen aber so unerträglich schlimm geworden, dass Abba ins Hospital aufgenommen werden musste.
Sie bat Elisabeth um Fürbitte beim Herrn und in der Nacht hatte sie ein Traumgesicht, in dem sie an das Grab der Heiligen herantrat und durch eine Öffnung in das Innere griff. Der tote Leib der Elisabeth fühlte sich feucht aber warm an und als sie die Hand herauszog, konnte sie diese frei bewegen. Als sie des Morgens erwachte, war all das Wahrheit geworden und sie konnte aufstehen und noch am selben Tag nach Biedenkopf zurückkehren.
Als alles erzählt war sanken die vier Fauen weinend auf die Knie und riefen:
„Das alles hat die Elisabeth für uns bei Gott erwirkt. Auf ihre Fürbitte hin sind wir gesund. Heilig ist sie, wahrhaftig eine Heilige!“

Eine andächtige Stille verbreitete sich im ganzen Haus, so dass sogar der Bischof eine leichte Gänsehaut im Nacken spürte.
„Wir werden diese Geschehnisse nach Rom berichten und dann wird der Papst selbst darüber befinden. Die Befragung ist beendet.“

Daraufhin wurden dem Weihbischof die Mitra und sein Hirtenstab gebracht, die bisher in einer Ecke gestanden hatten.
„Benedicat vos omnipotens Deus, Pater et Filius et Spiritus Sanctus. Amen“, sprach er leise, während die anwesenden Ritter und Priester, aber auch der Sekretär in die Knie gingen.

Zügig verschwand der Bischof in der Tür und war, begleitet von den zwei Wächtern, bereits unterwegs in Richtung Johanneskirche.
Die Anderen im Raum wagten kaum zu atmen, geschweige denn zu sprechen oder aufzustehen. Dies war ein heiliger Moment, in dem Geschichte geschrieben wurde, das merkte jeder im Haus.

Eylungs Fest 25.10.1365

Die liturgischen Mönchsgesänge der Kalendsherren drangen durch die Fensteröffnungen in die geräumige Rauchküche des Hofes über dem Kirchhof. Die Fenster waren mit Tierhäuten und Leinensäcken abgehangen, um die kalte, windige Luft des nahenden Herbstes draußen zu halten. Nur in der oberen Stube gab es zwei Fenster, die mit bleiverglasten Butzenscheiben ausgefüllt waren. So etwas gab es in Biedenkopf sonst nur noch in der Kirche, auf der Burg und in den anderen Burgmannshöfen, die innerhalb der Stadtmauern verteilt lagen. Aber man konnte dennoch durch die dünne Kuhhaut die Umrisse der schwarz gewandeten Chorherren erkennen, die nach Mönchsart Psalmen singend in einer langen Prozession die nahe Stadtkirche bereits dreimal umrundet hatten und nun durch das Hauptportal langsam ins Innere verschwanden.

Der Wind pfiff zwischen die geistlichen Herren und ließ ihre Gewänder wie Kriegsfahnen flattern. Dann war es wieder still um die alte Johanneskirche und den sie umgebenden Friedhof. Die Kirche wie auch das Pfarrhaus und das alte Haus der Ritter von Döring lag auf einer steinigen Felsnase, die an dieser Stelle den Burgberg flacher werden ließ. Das Gebiet war so steinig und mit so wenig Mutterboden bedeckt, dass man seit Jahrhunderten die Verstorbenen nur einige Zentimeter tief mit Erde und Schiefergestein bedecken konnte.
Nicht selten kam es deshalb vor, dass verwilderte Hunde oder ein Fuchs mit bleichen Knochen oder gar einem kompletten Schädel durch die engen Gassen der Stadt liefen, verfolgt von wütenden Bürgern mit Knüppeln. Immerhin hätte es ja die eigene Großmutter sein können, die da spielerisch von jungen Hunden in kleine weiße Splitter zerlegt worden war.

Aber heute war außer den Kalendsherren niemand zu sehen. Eigentlich bestand die Kongregation nur aus fünf älteren Priestern. Aber es hatten sich einige Bürgerssöhne den Mönchen angeschlossen, denn sie konnten im Stand eines Laienbruders recht gut und frei leben. Sie hatten ein Auskommen, die Freiheit weltliche Veranstaltungen oder die Schänken zu besuchen, ein Dach über dem Kopf und genug zu essen.
Die einzige Aufgabe war es, die fünf Priester zu bedienen und zu versorgen und bei den Gebetszeiten anwesend zu sein. Ein besseres Leben konnte den jüngsten Sohn einer ärmlichen Handwerkerfamilie gar nicht erwarten. Und zu den Mädchen gingen sie eben heimlich. Außerdem war es die ständige Aufgabe der Chorherren, nicht nur der jeweiligen Tagesheiligen in einer Messe zu gedenken, sondern auch gegen einen gewissen Obolus den Verstorbenen der Stadt die Zeit im Fegefeuer zu verkürzen. So lagen diese jungen Männer nicht nur ihren Familien nicht mehr auf der Tasche, sondern man konnte sich auch sicher sein, dass man auch nach dem Tod in den Kalender eben dieser Kalendsherren aufgenommen werden würde, und die Fürbitte der geistlichen Herren war gesichert. Auch Eylung hatte sich und seine Familie in diesen Kalender eintragen lassen und spendete dafür zweimal jährlich eine ganze Kerze aus echtem Bienenwachs.

„Ave Maria gratia plena“, murmelte Eylung von Hurle leise vor sich hin, während der letzte der Chorherren in der Kirche verschwand.
Schnell und eher mechanisch bekreuzigte er sich bevor er sich ruckartig vom Fenster abwandte und mit großen Schritten auf die offene Feuerstelle zusteuerte.
Hier brannte heute ein besonders großes Feuer. In etlichen dreibeinigen Kugeltöpfen köchelte es vor sich hin und an einem Spieß drehte sich ein ganzes Ferkel, das Kraina, die

jüngste Tochter Eylungs, immer wieder mit einem Sud aus Honig und Gewürzen übergoss.
Es duftete herrlich, so wie schon seit einigen Jahren nicht mehr. Nach dem Tode seiner Frau war Eylung mit den acht Kindern allein im Hof. Und als er sich beim Holzschlagen auch noch das Bein gebrochen hatte, war die Armut in das Haus über dem Kirchhof eingezogen.

Aber heute war alles anders. Heute sollte gefeiert werden. Es hatte sich hoher Besuch angekündigt und die neuen Herren über den Hof hatten das Festessen bestellt und dafür gezahlt. Ein Festmahl mit hohen und edlen Gästen, bei dem es Schweinebraten, Wein und Bier geben sollte.
Sogar einen Musikus hatten die hohen Herren bestellt. Dieser saß bereits in einer Ecke der Rauchküche und versuchte verzweifelt, die einzelnen Pfeifen seines überdimensionierten Marktsacks zu stimmen, was seit Stunden das ganze Haus in ein Meer aus furchtbarem Gequietsche tauchte, dass man Zahnschmerzen davon hätte bekommen können.

Eigentlich hätte sich Eylung ja auf das Fest freuen können, aber seine Stirn war dennoch in tiefe Falten gelegt. So schön das Fest auch sein konnte, desto mehr verunsicherte ihn der Grund dafür.

Seit mehr als hundertfünfzig Jahren war das Haus im Besitz der Ritter von Döring oder ihrer Verwandten gewesen. Sie hatten es immer weiter ausgebaut und erweitert. Nicht nur das Wohngebäude, sondern auch die Stallungen und Scheunen. Und weil es ursprünglich als Burgmannshof auch eine Verteidigungsfunktion für die Stadt und die Burg haben sollte, war vor langer Zeit an die Ecke zur Kirche hin ein großer runder Wehrturm gesetzt worden, der dem Haus selbst das Aussehen einer kleinen Burg oder zumindest einer Festung

gab. Mit der Ostwand stand es direkt auf der Stadtmauer, von wo aus ein sehr steiler Hang hinunter ins darunter liegende Kottenbachtal abfiel.
So steil, dass ein Pferd dort kaum hinaufreiten konnte ohne ins Wanken zu kommen. Uneinnehmbar eben.
Und wer es dennoch wagen sollte, die Stadt anzugreifen, der konnte von der Mauer oder dem Turm und auch aus den Fenstern des Wohngebäudes heraus mit einem Hagel aus Pfeilen empfangen werden.

Die Ritter von Döring hatten sich nach einigen Jahren noch ein zweites größeres Haus in der Stadt errichten lassen, welches sie selbst stolz als Döringsburg bezeichneten.
Und so wurde das alte Burgmannshaus über dem Kirchhof immer mehr und mehr vernachlässigt. Man quartierte entfernte Verwandte oder ungeliebte Kinder dort ein, belastete das Gehöft mit immer mehr Schulden, bis man es schließlich an ganz Fremde verpachtete und nur noch den an den Besitz gebundenen Pflichten zur Verteidigung, also dem Mauerdienst, nachkam.

So hatte es schon der Vater von Eylung von Hurle von den Rittern gepachtet und er war bereits hier geboren und aufgewachsen. Er kannte jede Ecke und jeden Stein am Hang zum Hofgarten hinter der Mauer und als Kind hatte er oft in dem riesigen alten Gewölbekeller mit seinem wunderschönen Sandsteinbogen, der als Eingang diente, gesessen und von einer großen Reise vielleicht nach Rom oder ins Heilige Land geträumt.

Aber nun wollte sich der Eigentümer des Hauses ein neues Pferd kaufen und eine neue moderne Rüstung machen lassen. Eine aus Nürnberg. Und da musste der alte hoch mit Schulden und Zinsen belastet Familiensitz verkauft werden.

Dumm nur für den Ritter Crafft von Döring, dass der Hof zur Ganerbschaft gehörte und er ihn deshalb nicht ohne Rücksprache auch mit den weitläufigeren Verwandten verschleudern konnte. So mussten sie dafür alle zustimmen. Und sie hatten nach altem Recht ein Wort mitzureden, an wen und zu welchen Konditionen das Haus verkauft werden sollte. Und das wollten sie auch wahrnehmen.

So waren sie heute also alle eingeladen: Zum Ersten die Käufer, eine ursprünglich auch aus Biedenkopf stammende Kaufmannsfamilie aus Frankenberg. Es war Kontz Rule, der Sohn von Wygpracht genannt der Ruhl und seiner Frau Metze, die aus der Familie Pfefferkorn stammte. Des Weiteren waren die Verwandten der Ritter Döring eingeladen. Die Herren von Hohenfels, Biedenfeld und Bicken, sowie die Edlen Herren von Breidenbach. Außerdem noch die hohe Geistlichkeit, bei denen der Ritter Crafft von Döring am übelsten in der Kreide stand.

Der Vertrag war bereits aufgesetzt und geschrieben worden. Kontz Ruhl kaufte das Haus ohne alle Schulden und sollte gut dafür bezahlen. Er durfte es von nun an sein Eigen nennen, es verwalten und hatte ein Recht auf alle daraus hervorgehenden Einnahmen. Auch durfte er es vererben, wenn er denn Erben hatte.

Kontz Ruhl war bisher kinderlos geblieben und seine Frau früh gestorben. Auch hatte er sich als Postulant beim Johanniterorden registrieren lassen und liebäugelte mit einem Eintritt in die Kommende, was ihm bisher aufgrund seiner nichtadligen Herkunft verwehrt worden war.

Kontz hatte aber einen älteren Bruder, der sein Erbe antreten sollte, wenn ihn die Johanniter doch noch in ihre Reihen aufnehmen sollten. Dieser hatte drei Kinder, so dass die Erbfolge gesichert war.

Kontz und seine Mutter Metze bestanden darauf, dass der Hof „ledig und los", also frei aller Verschuldungen übergeben werden sollte, so dass sich Crafft von Döring gezwungen sah, die Restschuld auf sein eigenes, neues Haus umzulegen. Auch hierzu benötigte er die Zustimmung seiner verwandten Ganerben. Alle Beteiligten hatten also einen Grund zum Feiern. Crafft von Döring erhielt frisches Bargeld, Kontz Ruhl ein gutes Haus mit fetten Einnahmen, die Kirche behielt Crafft als Schuldner und die Verwandten konnten ihre alten Rechte aus der Ganerbschaft erneuern und bestätigen.

Nur Eylung von Hurle war so gar nicht nach Fröhlichkeit zumute. Er war ins Ungewisse geworfen. Würde der Herr Ruhl ihn als Pächter übernehmen? Wenn ja, zu welchen Konditionen? Wo sollte er mit seinen Kindern hin, wenn der neue Herr keinen Pächter mit verkrüppeltem Bein haben wollte, weil ihm dann die Einnahmen zu unsicher waren? Eylung nahm einen sehr großen Schluck aus dem Weinbecher, der eigentlich dem Sackpfeifenspieler gehörte, der daraufhin die Augen bösartig zusammenpresste und dem armen Instrument noch widerlichere Töne entlockte.

Links der vom Ruß geschwärzten Küche in der großen hohen Halle hatten Eylungs Kinder Bänke aufgestellt. Und aus langen Brettern, die man über Böcke legte, wurde eine großflächige Tafel hergerichtet.
An einem Ende dieser Tafel saß Eylung mit dem Hauptpriester der Stadtkirche St. Johannes und drei der Kalendsherren. Sie blickten stumm vor sich hin und starrten Löcher in die gekalkten Wände.
Mit einigen Metern Abstand hatte die Ritterschaft Platz genommen.
Sie sangen und grölten vor sich hin und wiegten ihre roten Köpfe im Rhythmus der Schellen, die den Pfeifer bei seinen

Darbietungen begleiteten. Eigentlich konnte man sein eigenes Wort kaum verstehen, so laut dröhnte die Sackpfeife in die Halle hinein. Also mussten die Ritter ebenfalls immer lauter werden, bis sie sich regelrecht anbrüllten. Sie hatten bereits mehrere Liter Bier vernichtet und begannen nun, sich über die Weinvorräte her zu machen. Der einzige, der an dieser Seite der Tafel saß und ebenfalls immer fröhlicher wurde, war der junge Altarist von St. Nikolaus vor den Mauern, der aber auch in der ganzen Stadt als Lebemann und Weiberheld bekannt war und auch kein Hehl daraus machte.

Als der Musikus eine Pause einlegte, hörte man aus dem Hof, der hinter dem Haus lag, das Hufgeklapper von Pferden und das Rumpeln eines schweren Wagens.
Das mussten die letzten Gäste sein, die noch erwartet wurden und die den weitesten Weg zu bewältigen hatten. Es waren Kontz Ruhl und seine Mutter Metze, die eine halbe Tagesreise von Frankenberg nach Biedenkopf hinter sich gebracht hatten.

Metzes Mann, der Vater von Kontz, war ebenso wie die gesamte Familie des Ritters Crafft von Döring dem schwarzen Tod zum Opfer gefallen, der vor etwas mehr als zehn Jahren das ganze Land zu einem riesigen Totentanz aufgefordert hatte. Es gab damals keine Familie, kein Haus, kein Dorf, Kloster oder Stadt, das nicht massenhaft hätte Abschied von geliebten und auch ungeliebten Menschen nehmen müssen. Das ganze Land eine einzige große Grabkammer.
Ganze Dörfer blieben danach leer stehen und der süßliche Geruch von verwesendem Menschenfleisch wehte für lange Zeit durch jede Gasse. Das Leben hielt inne und nur noch der Tod herrschte über die Menschen, bis eine große Stille eintrat und die überlebenden Geschöpfe sich nicht mehr klar darüber waren, ob sie gesegnet waren oder doch vom Teufel besessen.

Büßer zogen durch die Straßen und geißelten sich die Haut blutig, um die Leute zur Umkehr aufzurufen.
Massenhaft traten Frauen und Männer in die Klöster ein, um wenigstens die Seele vor dem Verderben zu retten, wenn schon der Leib, wie augenscheinlich jedem klar sein musste, nichts als ein verrottendes Stück Fleisch war, das am Ende die Raben fraßen.

Aber alle die, die dort an der Tafel Platz genommen hatten, hatten den Totentanz überlebt. Warum ausgerechnet sie, wusste keiner. So manche, wie Ritter Döring, standen danach komplett alleine in dieser Welt und hatten dabei nicht nur die Familie, sondern auch jede Menschlichkeit und jedes Maß verloren.
Crafft Döring war es egal, was aus Eylung und seiner Familie werden würde. Er hatte nichts mehr zu verlieren. Seine Welt war der ritterliche Kampf in Rüstung mit seinem Schwert und der Wein.

Für seine Verwandten sah das schon ganz anders aus. Sie hatten Zukunft in ihren Familien. Kinder und Kindeskinder standen bereit und mussten mit Lehen, Einkünften und anderem Besitz versorgt werden. Ihnen war es nicht wirklich recht, dass Ritter Döring den Hofgarten und das dazu gehörige Haus über dem Kirchhof an diesen bürgerlichen Emporkömmlinge veräußern wollte, nur um sich mit einer neuen Rüstung zu schmücken und die letzten jämmerlichen Lebensjahre mit Huren im Wein ertränken zu können.
Aber da war ja die uralte Ganerbschaft mit ihren Rechten. Auf die konnten sie vertrauen. Also lehnten sie sich zurück, die Herren von Breidenbach und Hohenfels, und ließen den alten Haudegen gewähren. Immerhin mussten sie gefragt werden und das war ihnen wichtig. Kontz Ruhl war kinderlos und würde es wohl auch bleiben.

Nicht nur, dass er seit Jahren mit dem Eintritt in den Johanniterorden liebäugelte, sondern man sagte ihm auch einen gotteslästerlichen Hang zum eigenen Geschlecht nach. Mit schönen Frauen jedenfalls umgab sich der reiche Kaufmann nie, außer mit seiner Mutter, die im Hintergrund alle Fäden zog. Allerdings hatte Kontz erbberechtigte Brüder und Schwestern, die bereits mit Kindern gesegnet waren.
Sein Bruder Ruhl beispielsweise, dessen Tochter Else vor einigen Jahren in die reiche und mächtige Patrizierfamilie Deinhardt eingeheiratet hatte. Erben waren also vorhanden.

Metze Ruhl und ihr Sohn traten ein und nahmen sofort selbstbewusst an der Seite der hohen Geistlichkeit Platz, die den Gruß der beiden allerdings lediglich mit einem abwertenden Augenzucken beantworteten.
„Was macht der Bauer hier an der Tafel?“, sagte Metze und richtete ihren Blick auf Eylung, der versuchte sein verkrüppeltes Bein unter der Tischplatte zu verbergen.
„Das ist mein Pächter, Eylung von Hurle. Seine Famile hat mir Jahrzehnte gute Dienste geleistet und die Abgaben immer pünktlich entrichtet“, sagte Ritter Döring mit einem gelangweilten Lächeln.

Metze Ruhl und ihr Sohn hatten den Plan, das Haus und den Hofgarten ihren Verwandten zur Pacht zu geben. Immerhin stammte die Familie ursprünglich aus Biedenkopf und war erst nachdem sie wirtschaftlich immer erfolgreicher geworden waren mit ihrem Hausstand ins aufstrebende Frankenberg gezogen, weil man dort gute Verträge mit dem ansässigen Kloster gemacht hatte.
„Der kann seine Sachen packen und dorthin verschwinden, woher sie vorher aus dem Dreck gekrochen sind“, brüllte Kontz Ruhl schrill.

Niemand wagte ein Wort zu sprechen und auch der Musicus unterbrach sein Spiel und die Raumtemperatur fiel gefühlt um zehn Grad.

Das war die Gunst der Stunde. Ludwig von Breidenbach witterte eine große Chance, seinen rechtlichen Einfluss zur Schau zu stellen. Endlich gab es eine Möglichkeit irgendwie Einfluss auf den Verkauf zu nehmen oder das Anwesen dem Käufer zumindest madig zu machen. Das sollte die rechtliche Stellung der anderen Adelsfamilien in der Stadt untermauern, auch wenn man den Verkauf nicht wirklich verhindern wollte. Ludwig murmelte in seinen langen Bart: „Wenn Eylung gehen muss, unterzeichne ich nicht!“ und er konnte sich ein Schmunzeln nicht mehr verkneifen. „Er hat uns immer gute Dienst geleistet. Ich will ihn versorgt wissen“, fügte er leise hinzu.

Kontz Ruhl kochte vor Wut, aber er wollte den Hofgarten unter allen Umständen haben. An diesem und an dem Haus hingen alte Rechte. Die Rechte eines Burgmannssitzes und die dazu gehörige Steuerfreiheit der Stadt gegenüber.
Die Rulen würden zukünftig die Möglichkeit haben, alle Geschäfte ohne Abgaben abzuwickeln, wenn sie nur hier abgeschlossen und abgewickelt würden. Diese Einnahmen würde er sich niemals entgehen lassen.

So wurde also fünf Tage vor dem Fest zu Ehren aller Heiligen im Jahre des Herrn 1365 ein Dokument abgefasst, in dem Kontz Ruhl das Haus über dem Kirchhof von Ritter Crafft Döring erwarb, aber Eylung von Hurle namentlich Erwähnung fand als derjenige, der es bewohnt und bewirtschaftet. Die Schulden gegenüber der Kirche, die auf dem Haus lasteten, wurden auf die Döringsburg umgelegt.

So konnte das Haus schuldenfrei an Kontz Ruhl übergeben werden, während die Rückzahlungen an die Kirche gesichert blieben. Nach altem Recht der Ganerbschaft hatten die Herren von Breidenbach und die Ritter von Hohenfels mit ihrer Unterzeichnung die Zustimmung hierzu zu geben. Und sie taten es. Eylung von Hurle durfte bis an sein Lebensende im Hause bleiben. So waren alle außer Kontz Ruhl selbst und seine Mutter Metze zufrieden.

Der Pfeifer spielte auf und ließ dazu die an seinem Fuß befestigten Schellen rhythmisch erklingen. Es wurde Wein und Bier ausgeschenkt und endlich auch der Schweinebraten aufgetragen. Alle wurden locker und gelöst und endlich konnte auch Eylung von Hurle mit seinen Kindern beruhigt feiern, lachen und wohlgemut in die Zukunft blicken.

Ein Erblehen 18.11.1477

„Was nützt mir mein Ritterstand und mein alter Adelstitel, wenn ich nicht weiß, wovon ich meiner Frau den Stoff für ein warmes Untergewand kaufen soll, damit sie im Winter nicht erfriert. Und was nützt mir mein Schwert und meine eiserne Rüstung, die ich von den Vorvätern geerbt habe, wenn mir das dazu gehörige Pferd im Stall verhungert, weil ich es aus purer Not im Winter nicht mehr füttern kann?“, sagte Ludwig von Hohenfels und blickte dabei resigniert und verschämt unter sich.
Schon seit einigen Jahren war Ludwig der rechtmäßige Pächter des Hauses über dem Kirchhof und des gesamten Gutes in Biedenkopf gewesen. Und nun sollte er es als Erblehen empfangen. Er würde damit ein Stück seiner alten standesgemäßen Selbstständigkeit zurückerlangen und sein Ansehen in der Stadt würde sich verbessern.
Bereits als Pächter hatte er am Hang unter der Stadtmauer eine „Pitze“ anlegen lassen. So nannte man in Biedenkopf eine Wiese, die mit Obstbäumen bepflanzt war. In guten Jahren hatten die Äpfel, Birnen, Pflaumen und Kirschen im Herbst ganz gute Einnahmen gesichert, aber in den letzten Jahren hatte es kaum Erträge gebracht. Zu heftig war die Trockenheit und die späten Fröste über die noch jungen Bäume gekommen, was zum Totalausfall der Ernte geführt hatte.
Dennoch hatte er seinen Spitznamen weg in der Stadt und der gesamten Gegend. Jeder rief ihn „Ludwig auf der Pitze“, aber was für ihn noch viel schlimmer war ist, dass er in allen offiziellen Dokumenten nunmehr als Bürger bezeichnet wurde.

Natürlich hatte er in der Stadt die Bürgerrechte, aber er war weiterhin ein Ritter mit adeliger Abstammung. Um diese

Tatsache in der Öffentlichkeit endlich mal wieder so richtig zur Schau zu stellen, entschloss sich Ludwig dazu, seit Jahren zum ersten Mal wieder in voller Rüstung mit Schwert und seinem Wappenrock durch die Stadt zu reiten. Voll Erstaunen würden die Leute ihm nachrufen: „Seht her, da ist der edle Ritter von Hohenfels!"

Hoheitsvoll war er also in voller Rüstung über den Hof hinter dem Haus geschritten und hatte den Pferdestall betreten, in dem das alte Ross erwartungsvoll stand. Aber als er es besteigen wollte, war der alte Gaul unter seinem eisenbeschwerten Gewicht zusammengebrochen.
Nur mit viel Mühe und drei Mann Hilfe konnte man dem Pferd wieder auf die Beine helfen, so geschwächt war es vor Hunger. Ob es den kommenden Winter überleben würde, stand in den Sternen.
So stolzierte der Ritter Hohenfels in seiner Rüstung einmal um sein Haus herum, von der Neuen Pforte hinter dem Hof durch das kleine Gässchen und vorne auf dem Kirchhof wieder zum Haupteingang des Hauses hinein. Die Menschen, die ihn sahen blickten ihn an, als hätte der Karneval verfrüht begonnen und grüßten ihn höflich mit „Guten Morgen, Bürger Hohenfels!"

Niemand konnte sehen, dass unter dem geschlossenen Visier des prächtigen Helmes eine Träne seine Wange hinunterlief und seine Hoffnung und sein Stolz sich in diesem Moment in Luft aufgelöst hatten.
Seine Familie, die Familie von Hohenfels, war über viele Jahrhunderte eine der mächtigsten und reichsten Rittergeschlechter der gesamten Gegend gewesen. Niemand konnte ihnen das Wasser reichen. Sie hatten Burgen gebaut, Kriege und Fehden gewonnen und reichen Landbesitz ihr Eigen nennen können. Sie waren Schutzherren vieler Dörfer und Kirchspiele gewesen und hatten im Ritterbund, der sich

Sternerbund nannte, sogar dem hessischen Landgrafen lange die Stirn geboten.
Zu dieser Zeit waren die Adelsfamilien und Patrizier, die heute das Sagen in Stadt und Land haben, noch kleine Knechte und Bauern gewesen. Aber im Laufe der Jahrhunderte hatten diese die richtigen Bündnisse geschlossen und waren zu Geld und Ansehen gekommen.

Langsam aber sicher hatten sie das alte Geschlecht der Hohenfels politisch und wirtschaftlich überholt. Nur das alte Geschlecht der Herren von Bidencap, das gemeinsam mit den Hohenfels seine Anfänge in grauer Vorzeit hatte, war immer weiter aufgestiegen. Und das im gleichen Tempo wie die Hohenfels abgestiegen waren.
Früher hatten die Hohenfels selbst Ländereien, Güter und ganze Dörfer anderen Geschlechtern zum Lehen gegeben. Nun war es meist umgekehrt. Sie waren zu Empfängern geworden. Und so sollte es auch heute sein an diesem Tag im November 1477.

Die hohe Halle hinter dem Portal im Haus über dem Kirchhof war geschmückt mit allerlei Waffen und einem Schild, auf dem das Wappen der Hohenfels mit dem Adlerflügel zu sehen war. Ludwig ging seinem Gast entgegen, um ihn zu begrüßen.
„Gott zum Gruße, mein lieber Siegfried. Herzlich Willkommen in meinen bescheidenen Gemächern!", sagte Ludwig und führte seinen Gast zu einem Tisch, den er mitten in den Raum platziert hatte.
Siegfried zum Paradies war wirklich sehr prächtig gekleidet. Edle Stoffe aus Wolle und Seide in den unglaublichsten Farben. Alle Stoffe waren mit Gold- und Silberfäden durchzogen und auf dem Kopf ruhte ein Chaperon aus vielfarbigem Brokat. Sogar echte Edelsteine waren dort eingearbeitet und funkelten Ludwig entgegen wie die helle Sonne.

Die Familie von Bidencap zum Paradies war schnell immer reicher und mächtiger geworden. Gemeinsam mit den Hohenfels waren sie ursprünglich Burgmannen auf der Burg in Biedenkopf gewesen, zunächst in thüringischen und später hessischen Diensten. Die Hohenfels blieben im Land an der oberen Lahn und in Biedenkopf, während es die Familie von Bidencap in die Ferne zog.

Schon früh waren immer wieder Mitglieder der Familie zu hohen Ämtern an fremden Fürstenhöfen gerufen worden, bis man der Stadt Biedenkopf endgültig den Rücken kehrte und sich ein stolzes Anwesen in der aufstrebenden Pilgerstadt Marburg errichtete. Das neue Anwesen war so reich, prächtig und aufsehenerregend und hatte einen Laubengang mit Säulen, wie in einem Kloster.
Auch aus diesem Grunde wurde es nur „Das Paradies“ genannt. Schon bald wurde diese Bezeichnung zum festen Namensbestandteil der Familie.
Man ersetzte Bidencap durch Marburg und fortan sollte sich die Familie nur noch „von Marburg zum Paradies“ nennen.

Ein Vorfahre Siegfrieds hatte es gemeinsam mit seinem Verwandten Rudolf Ruhl bis in die kaiserliche Gefolgschaft geschafft.
Er wurde zum Reichsschultheiß und begleitete gemeinsam mit Ruhlden Kaiser als Sekretarius auf seinen Kriegszügen und Reisen durch die halbe Welt.
Mehrfach überquerten sie die Alpen und verweilten am päpstlichen Hof in Rom. Sie hatten Kontakt und Korrespondenz mit allen Königs- und Fürstenhäusern ganz Europas bis hin zum römischen Palast zu Konstantinopel.
Ruhl wurde im Alter Bischof und Siegfried zum Paradies tat seinen letzten Atemzug als reicher und angesehener Patrizier der Kaiserstadt Frankfurt, deren Bürgermeister er war.

Die Herren zum Paradies waren nicht nur in die Ganerbschaft der Herren zu Hohenlimpurg aufgenommen worden, was ihnen den direkten Zugang zu den allerhöchsten Kreisen der Gesellschaft öffnete, sondern sie hatten auch in der Heimat ihren weitreichenden Besitz in einer immer größer werdenden Ganerbschaft vereinigen können.
Eine solche Gemeinschaft bot viele Vorteile. Man hatte einen Pool von gemeinsamen Gütern, bestehend meist aus Grundbesitz und Häusern, die nur innerhalb der Gemeinschaft vererbt und verkauft werden durften.
Alles andere hätten alle Mitglieder der Gemeinschaft der Ganerben genehmigen müssen.

So blieb der Besitz zusammen und konnte auch bei Bedarf neu verteilt werden. Es konnte beschlossen werden, ein Gut als Brautgabe oder als Erbteil mal an den einen, mal an den anderen weiterzugeben. Die Gemeinschaft bestand aus verschiedenen verwandten und versippten Familien und zeitweise aus mehr als hundert Einzelpersonen. Dies gab der Gemeinschaft auch größere Rechtssicherheit bei Angriffen von außerhalb. Allerdings waren auch für die Mitglieder einer solchen großen Ganerbengemeinschaft die tatsächlichen Besitzverhältnisse oft schwer zu durchschauen.

Auf diesem Wege war auch das Haus über dem Kirchhof an Siegfried zum Paradies gekommen. Es war das Haus, welches Kontz Ruhl dem Ritter Crafft von Döring 1365 abgekauft hatte.
Die Tochter von Kontz Ruhl, Else mit Namen, hatte den reichen Stadtrat und Schöffen Deinhardt von Frankenberg geheiratet.
Deren Tochter Gertrud hatte das Gut in Biedenkopf wiederum in die Ehe mit dem adeligen Herren Werner von Münchhausen eingebracht.

Aus dieser Ehe gingen vier Kinder hervor. Der einzige Sohn Heinrich wurde Priester und Stiftsherr auf der Amöneburg, die Tochter Femel entschied sich, als Nonne in ein Kloster bei Kassel zu gehen und die jüngste Tochter Katharina brachte es gar zur Äbtissin im nahe gelegenen Kloster Caldern.
Nur die mittlere Tochter Meckel entschied sich für das Eheleben und heiratete Rudolf Knorre aus dem alten einflussreichen und wohlhabenden Ratsgeschlecht in Fritzlar. Seit dieser Zeit wurde das Gut, das zum Haus über dem Kirchhof in Biedenkopf gehörte, auch das „Knorrengut“ genannt.

Die Knorre hatten von je her ein gutes Gespür für Heirats- und Familienpolitik. Wie ein Staubsauger den Dreck vom Boden sammelt, so sammelte diese Familie reiche und einflussreiche Personen zur Vermehrung ihrer Sippschaft.
Nach und nach bestand zu allen wichtigen Familien der Region aus Adel und Bürgertum eine Verwandtschaft und so vermehrte sich stetig der Reichtum und Einfluss der wachsenden Großfamilie.
Zu dieser Sippe zählten sowohl die reichsten Kaufmannsfamilien aus Fritzlar, Frankenberg, Biedenkopf, Marburg und Alsfeld als auch einflussreiche Persönlichkeiten aus dem Adels, wie etwa die Familie des Heinrich im Hofe, der Magister der sieben freien Künste war und am Ende seines Lebens mit der Stiftung all seines Vermögens die Gründung des Klosters der Kugelherren in Marburg ermöglichte, wie auch die Familie des Raubritters Reinhard von Dalwigk, der wegen seiner räuberischen Missetaten sogar offiziell vom hessischen Landgrafen verurteilt worden war.
Der Raubritter floh von seiner belagerten Burg ins Haus der Barbara Knorre, mit der er dort eine uneheliche Tochter zeugte. Dazu kam auch die Familie von Siegfried zum Paradies und die verarmte Familie von Hohenfels.

So war auf diesem Wege also auch das Haus über dem Kirchhof an Siegfried zum Paradies gefallen, der nun im Begriff war, das alte Knorrengut dem Ludwig von Hohenfels zum Erblehen zu überlassen.
„Du brauchst mir jährlich auch nur neun Turnosen Geld und ein Huhn als Gülte zu bringen, lieber Vetter!“, sagte Siegfried zum Paradies zu Ludwig von Hohenfels auf der Pitze.
Nun war Ludwig also hungriger aber ritterlicher Herr auf seinem eigenen Land.

Verunsicherung 20.06.1527

Maria von Schenck zu Schweinsberg, eine geborene von Breidenbach genannt Breidenstein, stand im Obergeschoss ihres Hauses oberhalb des Kirchhofs und lehnte sich weit aus dem Fenster. Sie hatte Magenschmerzen und ihr war speiübel. An der nordöstlichen Hausecke hörte man das Hämmern und Schlagen von Zimmermannsbeilen. Maria hatte die Reparatur endlich in Auftrag geben können, nachdem ihr Bruder Caspar von Breidenbach die Mittel dazu bewilligt hatte.

Ihm lag nicht viel an dem Haus über dem Kirchhof und dem Hofgarten, hatte er es doch zusammen mit anderen Gütern von seinem Vater geerbt. Es war ein Hof, der als einer von zwei Burgmannssitzen in der Stadt die Einkünfte für das Burglehen sichern sollte, das Caspar gemeinsam mit dem restlichen Besitz von seinem Vater Johann erhalten hatte.
Er selbst bewohnte die Burg als Ältester der Linie. Das andere in der Stadt gelegene Burgmannshaus an der Eichpforte unterhalb des Heckenturms wurde von Caspars Vetter Heinz von Breidenbach bewohnt und verwaltet. Dieses war neuer und es war dort nicht so laut wie im alten Knorrengut. Weder das Getümmel rund um die Kirche mit dem darum herum liegenden Friedhof noch die ständigen Markttage störten hier den Frieden des Vetters Heinz.

Unglaublich wie es zuging, wenn auf dem Oberstadtmarkt das Vieh versteigert und dazu noch zu Musik und Tanz aufgespielt wurde. Glockenläuten, Kirchengesang und das Brüllen junger Rinder vom Markt vermengte sich ungut mit schräger Tanzmusik, dem Geschrei von besoffenen Männern, dem Gekeife von fetten Marktweibern und mit dem dauernden Wehklagen der Witwen und Waisen, die rund um die Kirche ihre Toten beweinten. Außerdem war das Haus über dem Kirchhof bereits mehr als 300 Jahre alt und schon recht heruntergekommen.

Im Sternerkrieg 1371 wurde es von den Nassauern schwer beschädigt und danach hatten die Erben des Kaufmanns Kontz Ruhl die Freude an dem Anwesen verloren und es immer wieder innerhalb der Verwandtschaft hin und her geschoben. Ludwig von Hohenfels hatte es von Siegfried zum Paradies für neun Turnosen Geld und einem Huhn zum Erblehen erhalten. Diese Abgabe wurde wiederum mehrfach weiterverkauft. Zunächst innerhalb der Familie und schließlich an das Kugelkloster in Marburg, das von einem weiteren Verwandten, dem Heinrich Im Hofe gestiftet worden war

.

Ludwig von Hohenfels hatte aber nur einen einzigen Sohn mit seiner Frau Grete. Dieser Sohn mit Namen Adolf hielt aber nichts in Biedenkopf. Arm und elend war er geboren und sein Vater hatte ihm nie etwas bieten können, außer einem alten Adelstitel und ein paar Obstbäumen, die an einem steilen Hang unter der Stadtmauer wuchsen.
Hier wollte Adolf nicht bleiben.
Als er ein Angebot bekam, Burgvogt in Auerbach bei Bensheim werden zu können, schlug er zu und war von da ab aus der Gegend verschwunden.
Als zunächst die Mutter und wenig später auch der alte Ritter verstorben waren, erbte Adolf das Haus über dem Kirchhof und den Hofgarten und ließ gegen ein Entgelt seine Großtante Maria in dem nahezu baufälligen Gemäuer residieren.
Als Adolf einige Jahre später kinderlos im südhessischen Raum verstorben war, erbten die Herren von Breidenbach das alte Knorrengut.

Und von nun an lieferten eben sie, die Herren von Breidenbach, die neun Turnosen und das Huhn an das Kloster in Marburg.

Aber auch die Zukunft des Klosters war neuerdings mehr als ungewiss, denn der junge Landgraf Philipp hielt es mit dem Luther und seinen Reformen.
Da war vielleicht bald kein Platz mehr für die frommen Brüder dort in Marburg.

Seit dieser Zeit führte das Gut ein Schattendasein.
Die Urgroßväter des Caspar von Breidenbach waren vom Landgrafen mit gleich zwei Burglehen bedacht worden. Und seit dem Erbe der Hohenfels besaß die Familie von Breidenbach sogar zwei Höfe mitten in der Stadt.
Der neuere Hof an der Eichpforte wurde ausgebaut und zum dauerhaften Wohnsitz für Teile der Familie umgewandelt.
Dieser Hof war ein hessisches Lehen.
Das Haus über dem Kirchhof dagegen galt als ein Eigenbesitz, ein sogenanntes Allod.
Aber wie auch immer. Schon damals war es niemandem mehr wirklich klar, welcher Besitz zum Burglehen gehörte.
Es wusste niemand mehr, was davon tatsächlich ein erworbenes Lehen oder gar allodialer Besitz war. Es spielte zunächst keine weitere Rolle.

Wer wollte schon auf der zugigen alten Burg oben auf dem Berg hausen mit nicht beheizbaren Räumen und so weit ab vom Schuss, dass man für jedes Stück Brot, das zu besorgen war, gleich wieder ein Pferd satteln musste, um es in der Stadt zu erwerben. Bäcker und Handwerker lebten schon lange nicht mehr auf der Burg, die nun lediglich der Verteidigung diente. Außer Caspar von Breidenbach, seiner Familie und einem

Kastelan war die Burg mehr oder weniger dem Verfall preisgegeben.

Lange schon war das Haus über dem Kirchhof und der Hofgarten verpachtet. Die Familie von Hurle hatte es über Generationen gepflegt und gehegt, aber nach den Schäden, die die Ritterheere der Grafen von Nassau 1371 hier hinterlassen hatten, wurde nur noch notdürftig geflickt.
Die Familie von Hurle hatte sich ein anderes Haus in der Stadtgasse erworben und lebte nun vom immer lukrativer werdenden Tuchhandel, wie so viele andere in der Stadt.
Das brachte Reichtum in die Häuser.
So wurden seit der Übernahme des Hauses von den Rittern von Hohenfels hier über Jahre immer wieder ärmere Verwandte oder nachgeborene Kinder der Familie von Breidenbach untergebracht und mit den Einnahmen aus dem Hofgarten versorgt.

Abgespeist wäre vielleicht ein besseres Wort dafür gewesen. So erging es auch Maria, der Schwester des Caspar von Breidenbach. Sie war mit einem Schenck zu Schweinsberg verheiratet gewesen, aber früh und fast mittellos zur Witwe geworden. Da sie auch nicht mit übermäßiger Schönheit ausgestattet war, blieb sie allein. Für eine Mitgift, um ins Kloster zu gehen, reichte es auch nicht, und so lag es nahe, dass ihr Bruder sie mit der Verwaltung des Gutes über dem Kirchhof betraute und sie dort auch wohnhaft wurde.

Das Haus bot ausreichend Platz für sie und das Gesinde. Das musste sein, war sie doch trotz ihrer Armut eine Dame von Adel.
So stand sie nun da an ihrem Fenster und hielt in ihren verkrampften Händen einen übergroßen Rosenkranz.

„Ob sie doch noch kommen?“, murmelte sie vor sich hin und wagte es nicht, den Blick ins Innere des Zimmers zu wenden, in dem ihre alte Magd saß und an einem Untergewand nähte.
„Ich glaube nicht!“, sagte die Alte und blickte von ihrer Arbeit auf. „Sie haben es verboten und die Leute wissen nicht mehr, was richtig und falsch ist“
Mit einer schlagartigen Bewegung drehte sich Maria von Breidenbach in den Raum hinein und rief bestimmt und lautstark:
„Es ist verboten, den Leib des Herrn durch die Gassen zu tragen und damit die Stadt zu segnen? Das willst Du mir nicht ernsthaft erzählen, oder?“
Maria schossen die Tränen in die Augen.
„Und die Messe für meine Mutter wird auch nicht mehr gelesen. Ketzer! Elendigliche Ketzer! In der Hölle sollen sie vergammeln, diese widerlichen Heiden!“

Es war der Fronleichnamstag und zum ersten Mal seit Menschengedenken sollte keine Prozession und keine Messe stattfinden.
Der letzte Priester hatte die Flucht ergriffen und hatte sich nach Mainz abgesetzt. Die Gemeinde hatte seither keinen Pfarrer mehr. Einige Nonnen aus dem Kloster in Caldern waren in die Stadt gekommen und irrten weltverloren durch die Gassen. Lediglich die Äbtissin und drei ihrer Nonnen wollten in Caldern im Kloster ausharren bis zum bitteren Ende. Egal was kam. Die anderen bettelten auf Markttagen in Marburg oder Biedenkopf die Menschen an oder versuchten einen Mann zu erwischen, der sie heiratete. Ein Bild des Elends boten sie.
Die Kalendsherren taten so, als seien sie nie Kalendsherren gewesen und predigten plötzlich gegen das, was sie selbst Jahrhunderte mit tiefster Überzeugung vertreten hatten.

Vorigen Winter hatten einige junge Männer die Türen am Haus der Kalendsherren aufgebrochen und die Bücher, in denen die Seelenmessen für die Biedenkopfer Bürger notiert waren, entwendet und in den Dreck neben dem Marktbrunnen geworfen.
Damals schritt die Stadtwache noch ein und die Menschen wurden ermahnt. Jetzt räumten die ehemaligen Priester selbst ihre Bibliotheken und zum Entsetzen der Alten lagen auf dem Kirchhof nun unbeachtet die noch vor einem Jahr so hoch verehrten Reliquien und Heiligenfiguren über die Gräber verstreut.

Das eine oder andere hatten sich manche Bürger gesichert und mit nach Hause genommen. Nicht allen war es recht, was da geschah.
Auch Maria hatte sich ein Kästchen aus der Kirche mitgenommen. Darin war ein Knochensplitter des heiligen Antonius, der beim Auffinden verlorengegangener Gegenstände helfen konnte, und ein Stück Stoff, das auf dem Grab der heiligen Elisabeth gelegen hatte.
Das bedeutete Maria sehr viel.

„Vielleicht kommen sie, wenn man die Glocken läuten lässt?“, sage Maria nachdenklich. Aber ihr war schon bewusst, dass sich selbst die Menschen nicht wagen würden, sich zu einer Prozession zusammenzufinden, die es gerne täten.
Schon allein deshalb nicht, weil man die Auseinandersetzung mit der Obrigkeit und den neuen geistlichen Herren, die teilweise auch die alten waren, scheute.

So blieb es also ruhig an diesem 20. Junius 1527 in Biedenkopf, außer den Schlägen der Äxte, die die Balken zur Ausbesserung der Hausecke zurechtschlugen. Und das an einem Feiertag. Maria weinte bitterlich und schloss das Fenster so heftig, dass sich eine der runden Butzenscheiben aus dem Blei löste und mit einem Schlag zersprang als sie auf der Treppe vor dem Haus aufschlug.

Nicht genug, dass vor dreißig Jahren ein Mann einen neuen Erdteil entdeckt hatte, der von wilden, unnatürlich anmutenden Menschen bewohnt war, so kamen jetzt auch noch Prediger in die Stadt, die die Welt komplett aus den Angeln heben wollten. Diesen Schritt gehen sie ohne mich, dachte Maria und unter den älteren Einwohnern der Stadt bin ich sicherlich nicht die einzige.

Der Gerlach Walther, ein Verwandter des vorletzten ordentlichen Priesters und ein Nachkomme von Oswald Walther, einem Angehörigen des Stadtrates, sollte nun Pfarrer werden. Verheiratet war der und er las nicht die Messe, sondern hielt stundenlang hochtrabendes Geschwätz, dem weder Maria noch die anderen Bürger folgen konnten.
Aber es war so gewollt. Der Landgraf hatte vor einem dreiviertel Jahr auf der Synode in Homberg so entschieden. Dann sollte es so sein.

Die Walthers waren ja eine ehrbare Patrizierfamilie in der Stadt und der junge Gerlach hatte sogar in Wittenberg studiert, bei diesem Luther, der das ganze Elend hervorgerufen hatte durch seine Halsstarrigkeit. Und der Gerlach Walther war zum Priester geweiht worden.

Für einen kurzen Moment hatte Maria ein für sie beängstigende Vision: wenn die Walthers immer mächtiger werden würden, dann könnte es ja eines Tages so kommen und einer von denen würde Herr werden über den Hofgarten und das Haus. Gott bewahre. Aber soweit würde es wohl nie kommen.

Vielleicht machte es doch Sinn, dass sich Maria diese neue Messe einmal ansah.
Neugierig war sie schon.
Aber wenn ich hin gehe, nehme ich meinen Rosenkranz mit, dachte sie trotzig, drehte sich zu ihrer Magd und sagte ruhig:
„Was gibt es zu essen? Ich komme um vor Hunger!
So hungrig gehe ich nicht in die neue Zeit!
Das könnte dem komischen Luther so passen.
Aber nicht mit mir. Nein! Mit mir nicht!“

Unter neuem Banner 01.05.1577

„Ach Ännchen! Wie mach ich das denn nur am unauffälligsten, dass der gnädige Herr es mir gibt und nicht wieder denen zurück? Vielleicht mach ich es kleiner und unbedeutender als es ist?“
„Ich weiß nicht.“, sagte Ännchen Benner und blickte zu ihrem Mann Bastian, der mit der Kielfeder in der Hand versonnen an die Decke starrte.

Bastian Benner war der landgräfliche Rentmeister und Schultheiß für das Amt und die Stadt Biedenkopf in Personalunion. Er war sich seiner wichtigen Stellung wohl bewusst. Im Namen des Landgrafen konnte er bei dessen Abwesenheit, was eigentlich immer war, Recht sprechen und Urteile fällen. Er konnte Erlasse veröffentlichen und durchsetzen.
Außerdem hatte er die Einnahmen zu verwalten und abzuführen. Er war damit wichtiger als der Bürgermeister und der Pfarrer zusammen. An ihm ging keine Entscheidung vorbei.

Nun aber hatte er eine Aufgabe zu erledigen, bei der er auch seine eigenen Interessen einfließen lassen musste, wollte er bleiben, wo er war und bekommen, was er wollte.
Er hatte den Auftrag alle Güter aufzulisten, die der Landgraf zwei Jahre zuvor in einem Handel mit den Schencken zu Schweinsberg und dem Adelsgeschlecht der Schutzbar genannt Milchling gekauft hatte.

Die Sache war äußerst komplex und der Kompromiss eines jahrzehntelangen Rechtsstreites. Man musste aufpassen, was man sagte. Schnell konnte etwas als Verrat oder Vorteilsnahme ausgelegt werden.

Es ging hier um viele verschiedene Wiesen und Äcker, und im Breidenbacher Grund sogar um ganze Dörfer und Kirchspiele. Hier in Biedenkopf war es hauptsächlich der ehemalige Hof über der Kirche, von dem nicht mehr klar war, ob er ein Eigenbesitz des verstorbenen Caspars war, oder ob er zum Burglehen gehörig war.
In den alten Dokumenten war manchmal nur vom Haus über dem Kirchhof die Rede, dann wieder vom Knorrengut und immer wieder vom Hofgarten, der ein Eigenbesitz der Familie war, und die dazu gehörige Hofstatt oberhalb des Kirchhofs auch, oder eben nicht.
Sebastian Benner saß nun angestrengt da und versuchte das Schriftstück so zu verfassen, dass es den Landgrafen dazu bewegen könnte, ihm den Hofgarten mit Zubehör zum Lehen zu geben.

Caspar von Breidenbach war im Jahr 1541 plötzlich verstorben. Er hinterließ aber keinen erbberechtigten Sohn, sondern nur seine beiden Töchter.
Damit fing der Ärger an.
Die Neffen und Vettern des Caspar wollten von ihrem Erbrecht Gebrauch machen, da es zu dieser Zeit nicht eindeutig geregelt war, ob ein Lehen oder Allod, also ein eigener Besitz, über Frauen vererbt werden konnte oder nicht. Und es war eben oft nicht eindeutig klar, ob das eine oder andere Gut nun zu einem Lehen gehörte, oder einen Eigenbesitz darstellte.

„So weit kommt es noch“, posaunten damals Wolff und Heinz von Breidenbach, die das Erbe selbst antreten wollten.
„Der Erbhof am Hofgarten gehört zu der Ausstattung unseres Burglehens, das von uns als den Burgmannen mit Wehrdienst und Schanzarbeiten zur Verteidigung und mit Kriegsdienst bezahlt wird.

Wie bitte sollen die zwei Weiber das leisten. Höchstens als Marketenderinnen.
Das Burglehen gehört uns und damit auch der Hofgarten und das Haus über dem Kirchhof!“
Die Schwiegersöhne des verstorbenen Caspar wollten aber nicht klein beigeben.
„Wenn es unbedingt echte Männer sein müssen, von Adel und Rang, dann will ich, Hermann von Schenck zu Schweinsberg, gemeinsam mit meinem Schwager, Hartmann von Schutzbar genannt Milchling, das Erbe anstatt unserer Ehefrauen antreten, oder sind wir etwa keine Männer?“

So begann ein erbitterter Kampf um den Hofgarten und das Haus über dem Kirchhof, der mehr als dreißig Jahre dauern sollte.

Die Auseinandersetzungen wurden mit allen Mitteln geführt. Vor Gericht wurde in sämtlichen Instanzen allerlei dreckige Wäsche gewaschen und auch in der Stadt wurde keine Gelegenheit versäumt, sich gegenseitig zu verleumden, bloßzustellen und zu schikanieren. Keine Seite wollte auch nur einen Fuß weichen.
Vor Gericht bekam mal die eine, mal die andere Seite Recht zugesprochen, so dass man sich in der Stadt kaum noch sicher war, wem das Haus nun gehörte. Oft wussten das nicht einmal die Pächter selbst.

Sogar vor dem Reichskammergericht wurde geklagt und man warf den Schencken Landesverrat vor. Diese hatten sich das Gut vom Grafen von Wittgenstein zum Lehen geben lassen. Das wurde von der landgräflichen Regierung allerdings in seiner Rechtmäßigkeit angezweifelt, da es sich beim Knorrengut doch um hessischen Besitz handele.

Der unerlaubte Wechsel eines Vasallen in die Abhängigkeit zu einem neuen Landesherren kam einem Verrat gleich und wurde mit schweren Strafen geahndet.
Und von den Breidenbachs wurde diese Tatsache sofort als juristische Waffe verwandt.
In dieser Zeit war oft nicht mehr vom Hofgarten und dem Haus über dem Kirchhof die Rede, sondern im Volksmund bürgerten sich die Namen Schenckenhaus und Milchlingsgut ein.

Als 1563 die Marburger Universität vor der Pest auf der Flucht war, um ihre jüngsten Studenten zu schützen, wurden diese von den Biedenkopfer Patrizierfamilien Walther und Pincier in die Stadt eingeladen, was dankbar angenommen wurde. Der leitende Professor war damals der Philosoph und Gelehrte Justus Vultejus, der mit den Familien Walther und Pincier nah verwandt war. Er konnte sich in Biedenkopf sozusagen zuhause fühlen.

Als dann die Schencken dem Magister auch noch anboten, dass er mit seinen Schülern das Haus über dem Kirchhof nutzen dürfe, verfasste Vultejus nicht nur ein langes Dankgedicht an die Gastfreundschaft der Biedenkopfer Bürger, sondern schenkte dem Hermann von Schenck auch noch eine hölzerne Tafel mit einem lateinischen Hexametergedicht.
Auf dieser Tafel wurde klar zugunsten der Schencken Stellung bezogen, wurden doch Glück und Segenswünsche allen gegönnt, die sich der Gefolgschaft der Schencken zugehörig fühlten. Und auch der Landesherr, der die Gründung ermöglichte wurde lediglich als die „gegenwärtige“ Herrschaft bezeichnet, was Raum für Spekulationen gab, wer denn nun gemeint sein könnte. Hessen, Nassau oder gar Wittgenstein?
Genau dieser unerhörte Wechsel der Lehnsherrschaft hatte den Schencken und Milchlings ja vor einiger Zeit die Anklage auf Landesverrat eingebracht.

Klar war nur über all die Zeit, dass die Gülte, also die Grundsteuer an das Kugelkloster in Marburg gezahlt werden musste.
Als dieses Kloster nach der Reformation aufgehoben und aufgelöst wurde, waren die neun Turnosen Geld und das Huhn jährlich an die Vogtei des Klosters und damit an die neu gegründete Universität zu entrichten.
Der Landgraf hatte nämlich alle Einnahmen der ehemaligen Klöster der neuen, ruhmreichen und wachsenden ersten protestantischen Universität zur Verfügung gestellt.
Vultejus und seine Studenten hatten also in einem Haus das Gastrecht, welches durch eine jährliche Zahlung ohnehin der Universität verpflichtet und verbunden war.

Am Ende blieb dem hessischen Landgrafen keine andere Wahl, als das Problem durch ein weises, fast salomonisches, Urteil zu lösen.
Keine der beiden Parteien sollte das Erbe des Caspar von Breidenbach dauerhaft antreten können, weder die Breidenbacher noch die Schencken und Milchlings.
Der Landgraf selbst kaufte die ehemaligen Güter des Caspar von Breidenbach und brachte sie so in seinen eigenen Besitz.
Die Schencken und Milchlings bekamen einen guten und zufriedenstellenden Kaufpreis und die Güter und Gerechtsame am Breidenbacher Grund gab der Landgraf direkt an die Herren von Breidenbach zurück. Diesmal als hessisches Lehen.
Alle Seiten waren so zufrieden.

Sebastian Benner hatte nun also die Aufgabe, die in Biedenkopf gelegenen Güter aufzulisten, die durch den Kauf an den Landgrafen gefallen waren.
Er begann mit den Wiesen, Äckern und Waldstücken und auf der allerletzten Seite erwähnte er unter dem Kapitel „Von den

Gärten“ auch den Hofgarten und das zu diesem Gut gehörende Haus über dem Kirchhof.
Vielleicht war das unauffällig genug, dass der Landgraf dazu keine näheren Informationen einholte. Denn als Pächter hatte er stets gute Einnahmen aus dem Haus erhalten. Nicht nur, dass es sich als Rentmeister gut dort wohnen ließ, so direkt im Zentrum der Macht zwischen Kirche, Rathaus und Markt, sondern das Haus an sich war auch gut zu verteidigen, wenn er sich mal wieder mit der Bürgerschaft oder dem Ortsadel um die Steuereinnahmen streiten musste oder dem Volk ein gefälltes Gerichtsurteil übel aufstieß. Nur etwas baufällig war das alte Anwesen geworden.

Aus diesem Grund verfasste Bastian Benner gleich ein weiteres, aber davon unabhängiges Schreiben, in dem er den Landesherren bat, ihm den Hofgarten als Lehen zu überlassen, damit er als untertänigster Diener seines Herren hieraus seine privaten Einkünfte ziehen konnte.

Diesem Antrag wurde stattgegeben und seitdem das Haus über dem Kirchhof zum Amtshaus und der Hofgarten zum Lehen der Schultheißen und Rentmeister gemacht.
Die Schreiben wurden aber nicht immer positiv beantwortet. Zwei Jahre zuvor war mal wieder die Pest ausgebrochen in der Stadt und wenn Rentmeister Benner aus seinem Fenster über den Kirchhof blickte, sah er nur Tod und Verderben.
Auf Brettern wurden die Leichen von Männern, Frauen und Kindern aus den Häusern gezerrt und schnell in Massengräbern an der Nordwand der Kirche verscharrt. Es stank erbärmlich und die Ratten bevölkerten auch tagsüber den Markt, wo sonst so buntes, lebendiges Treiben herrschte.
Da bekam es Bastian Benner in der Angst zu tun und schrieb an seinen Landesherren einen Brief mit der Bitte, ob er nicht

vorübergehend vom Haus über dem Kirchhof, welches er gepachtet hatte, auf das leerstehende Schloss übersiedeln dürfe.

Hier wurde zu dieser Zeit ein Getreidelager angelegt und bewohnt war das Gemäuer auf dem Berg schon seit Jahren nicht mehr. Nur der Türmer, der dreimal täglich die Stunden mit der Trompete vom Bergfried herunter über die Stadt blies hatte dort eine kleine Stube.
Diese Bitte wurde abgelehnt. Der Rentmeister sollte in der Stadt bleiben und von dort aus berichten, wie sich die Seuche entwickelte. Benner war enttäuscht und zutiefst verunsichert.

Diesmal aber wurde seinem Ersuchen stattgegeben. Der Hofgarten war sein Lehen geworden.
Aber lange dauerte das Glück nicht an; durch einen geschickten Schachzug hatte sich Bastian Benner alle irdischen Wünsche sichern können, aber bereits einige Jahre später raffte eine Krankheitswelle seine sterbliche Hülle dahin. So kommt und geht ein jeder und es bewahrheitet sich wieder einmal der alte Spruch:
„Dies Haus ist mein, und doch nicht mein. Wem's nach mir ist, wird's auch nicht sein, den nächsten trägt man auch hinaus, nun sag es mir: Wem ist dies Haus? Gebet Gott die Ehre!"

Des Leutnant Schenckbars große Tat 20.09.1610

Wie ein hohler Zahn sah es aus, das Haus über dem Kirchhof, als Heinrich Schenckbar sein neues Anwesen vom Kirchturm herunter in Augenschein nahm. Der alte Dachstuhl war weggerissen und man konnte so von oben wie in ein Puppenhaus ins Innere des Gebäudes blicken.

Das alte Haus war morsch und wackelig geworden. Der Dachstuhl knarrte und wankte bei jedem Sturm gefährlich hin und her, und an den Wetterseiten des Hauses hatte der Zahn der Zeit die Balken gehörig angefressen. In den letzten zehn Jahren hat das alte Haus sogar einige Jahre leer gestanden und der Landgraf hatte sogar erwogen das Gebäude auf Abbruch zu verkaufen. So mancher bewarb sich um den Kauf des Anwesens, doch niemand fand Gehör beim Landgrafen, bis Herr Heinrich Schenckbar auf der Bildfläche erschien.

„Wir machen für Euer Gnaden aus diesem Holzhaufen ein schönes, ansehnliches und modernes Amtshaus“, sagte der Zimmermannsmeister und zeigte mit ausgestrecktem Arm über den ganzen Hofgarten.

„Die beiden unteren Geschosse lassen wir teilweise stehen. Die nördliche und östliche Wand ist ja noch sehr gut, wenn auch altmodisch ausgeführt. Aber wer schaut bei einem Haus schon auf die Rückseite, außer die Magd und der Stallbursche.“

Und schon zog der Zimmermann einen Plan aus seinem Ärmel, den er zusammengerollt dort verborgen hatte und hielt ihn dem Schultheißen und Leutnant Schenckbar so dicht vor die Nase, dass dieser außer einige Striche nichts erkennen konnte.

„Die Schauseiten zum Markt und zur Kirche hin machen wir neu und verzieren sie nach jetziger Mode. Und dann setzen wir auf ganzer Länge des Hauses noch einen kompletten Stock auf, damit Ihr Wohnen und Arbeiten voneinander trennen könnt. Das ist modern. Und nach vorne bekommt der Dachstuhl einen Querbau für das Gesinde. So kann der Grundriss bleiben und das Haus steht nach wie vor auf seinem angestammten Gewölbe. Die unteren Geschosse des alten Baus bleiben teilweise stehen und wir ergänzen nur nach oben hin. So haben wir fast das doppelte an Raum hinzugewonnen, ohne die Grundmauern ändern zu müssen.“

Der Blick des Zimmermanns glich vor lauter Stolz nun fast dem eines Dombaumeisters. Auf jeden Fall fühlte er sich so.

„Wir werden einen modernen Zahnschnitt und ein Bandelwerk in die Balken schnitzen, auch in die bereits stehenden, so ergibt sich ein einheitliches Bild und man wird vom Markt aus nicht mehr erkennen, was neu ist und was wir vom alten Schenckenhaus stehengelassen haben. Es muss jetzt nur schnell gehen. Es sollte nicht allzu oft in das geöffnete Dach regnen. Was sollen wir mit der alten Tafel über dem Eingangsportal machen? Sollen wir sie entfernen? Wie wünschen sich das Eure Gnaden?“

Heinrich Schenckbar dachte kurz nach. Vor einiger Zeit hatte ihn der Pfarrer mal auf die Tafel angesprochen, die in lateinischer Sprache vor fünfzig Jahren vom Philosophen Vultejus verfasst worden war.

„Wenn man nicht genau hinsieht und nicht weiß, für wen und aus welchem Grund die Tafel angefertigt worden ist, könnte man meinen, dass sie für Euch erstellt worden ist!“, hatte der Pfarrer schmunzelnd gesagt.

Und es war so. So einige, die die Tafel nicht kannten, waren in Versuchung dort statt des Wortes „Schenckariana Cohors“, also

Gefolgschaft des Hauses Schenck, nun „Schencbariana Cohors“ zu lesen, was dem Leutnant sehr gefiel.

„Nein! Die bleibt, wo sie ist!“, sagte Schenckbar kurz und bündig und sah vor seinem inneren Auge wieder die zukünftigen Gäste staunen. Ja! Sie sollen dem Hause Schenckbar treu sein. Die Tafel bleibt!

Was für ein wunderbarer und kostbarer Tag doch heute war. Heinrich fühlte sich wie ein König. Er war nun der König über den Hofgarten.

Heute Morgen bereits war ein Bote aus Kassel gekommen und hatte ihm eine Urkunde des Landgrafen gebracht, in der dieser ihm „seinem getreuen und ehrbaren Schultheiß und Leutnant“ den Hofgarten nicht nur zu Lehen, sondern sogar zum Erblehen gab. Er konnte nun für die Ewigkeit planen und sah vor seinem inneren Auge ganze Dynastien von Schenckbars, die über die Stadt, das Amt Biedenkopf und den Hofgarten herrschen würden.

Das mit seinen Vorgängern war ja wohl gründlichst schief gegangen. Der letzte, der das Amt wirklich ordentlich ausgefüllt hatte, war der Rentmeister Bastian Benner. Nach ihm kamen noch Werner Walleck und Alexander Widderstein. Walleck war ein korrupter, fauler Sack, der zwar die Befestigungsanlagen rund um das Haus reparieren ließ, aber nie dafür bezahlte und auch sonst nur seinen eigenen Vorteil und seine Ruhe suchte.

Und Alexander Widderstein war ein Bastard des Grafen von Wittgenstein.

Über Diplomatie und Geklüngel hatte ihn sein Vater ins Amt gehoben. Offiziell anerkannt hatte er ihn zwar nie als Sohn, aber er wollte ihn versorgt wissen. Der feine Herr hatte aber nicht lange Freude an seinem Amt und auch nicht am Hofgarten. Nach einigen Jahren rauschender Feste in höfischer

Pracht war nicht nur das Geld zur Neige gegangen, sondern auch die gute Laune. Der hochwohlgeborene Bastard zog es vor, eine Stellung bei Hofe in Waldeck anzunehmen, verstarb aber dort bereits kurze Zeit später.

Das alte Haus über dem Kirchhof war so heruntergekommen, dass man den Kindern in der Stadt verboten hatte dort zu spielen. Man war sich nicht sicher, ob es nicht gleich in sich zusammenstürzen könnte. Von 1604 bis 1610 hatte es leer und wüst gestanden, weil niemand sich zuständig fühlte, hier nach dem Rechten zu sehen

Aber nun sollte alles anders werden. Dieses lasterhafte und unzüchtige Leben hier in der Stadt und in ganz Hessen sollte endlich ein Ende haben.

Landgraf Moritz hatte seine Verbesserungspunkte erlassen. Es sollte nun streng nach den Lehren des Herrn Calvin gelebt werden.

Die aus der katholischen Zeit verbliebenen Bilder wurden in den Kirchen entfernt, sogar die Kruzifixe von den Altären geholt. Wo es möglich war wurde alles weiß getüncht. Nichts sollte vom Wort Gottes und von der Predigt ablenken. Auch das heilige Abendmahl wurde nun anders gefeiert. Es war nur noch ein Gedächtnismahl und verlor dadurch seinen sakralen Charakter komplett.

Die Menschen in Biedenkopf waren befremdet davon und weigerten sich über Monate hinweg, die Kirche zu betreten. An manchen Sonntagen war der Pfarrer fast mit den landgräflichen Beamten allein.

Es war aber nicht nur die neue kirchliche Lehre, die das Volk so gegen die Neuerungen aufgebracht hatte, es war der Eingriff ins gewohnte Leben.

Es gab neue Gesetze gegen Völlerei und Sauferei. Bei Hochzeiten oder Märkten sollte keine Musik spielen und das Tanzen war verboten. Sogar eine Kleiderordnung hatte man erlassen und dadurch versucht, die bunten Farben aus den Röcken und Jacken zu verbannen.

Das war zu viel für die feierfreudigen und lebenslustigen Biedenkopfer. Es wurde nun heimlich musiziert, getanzt und getrunken. Fastnacht, Kirchweih und Martinsgans hinter verschlossenen Türen.

Aber der neue Schultheiß Schenckbar griff durch und brachte jeden zur Anzeige, der gegen diese neuen Verordnungen verstieß. Die Kirche richtete ein Presbyterium ein, das im Volk als Sittenwächter dienen sollte und jedes unzüchtige Verhalten über den Pfarrer an den Schulheiß zu melden hatte.

Das sollte Gottes Wille und die neue Zeit sein? Die Menschen waren traurig, still und resigniert. Aber heimlich in Scheunen und auf den Waldplätzen tobte weiterhin das pralle Leben.

„Meinst Du, es ist gottgefällig oben im Giebel noch Schnecken zu schnitzen? Oder ist das zu viel an weltlichem Zierrat?“, sagte Heinrich Schenckbar zu dem Zimmermannsmeister.

„Nein, solche Schnecken hat sogar der gnädige Fürst in Kassel schnitzen lassen. Er will nur keine Gesichter abgebildet wissen.“, belehrte ihn der Handwerker und beide blickten sich an mit dem Entschluss, in den Giebel des Zwerchhauses große Schnecken schnitzen zu lassen.

Margarethe Schenckbar war eine andächtige, stille und gütige Frau, die nicht nur mit dem Gesinde geschwisterlich umzugehen wusste, sondern auch, wie sie ihren Willen unauffällig ihrem Gatten gegenüber durchsetzen konnte.

Sie hatte lange nicht diese Strenge entwickelt, die ihren Mann auszeichnete. Ihn konnte man schon fast als radikal oder fundamentalistisch bezeichnet. Er war seinem Landgrafen Moritz und seinen Erneuerungsideen voll und ganz erlegen und ging hier keinerlei Kompromisse ein. Sie wiederum war in einem lutherischen Haus erzogen worden und kannte neben dem Glauben auch die Welt und die Vorzüge, den gelehrten Geist durch weltliche Genüsse abzulenken und zu erden.

Wenn man aus der Ferne Tanzmusik hörte und die Leute lachten und sangen, erwischte sie sich selbst oft dabei, wie sie im Takt die Hüften schwang und sie wusste, das eine oder andere auch unflätige Liedchen leise mitzusingen.

Sie liebte die Farben und die Kunst und lebte dies aus, wenn es galt, im Haus eine festliche Tafel mit Blumen zu schmücken. In ihren Truhen verbarg sie noch die Kleider ihrer Jugend, bunt und prächtig, auch wenn sie im Alltag lange schwarze, in viele Falten gelegte Beiderwandstoffe trug und als Zierde um den Hals einen sehr großen Kragen aus echter Brüsseler Spitze. Die Schultheißin wusste zu lachen und erzählte abends ihren Kindern die alten Geschichten von Geistern und Untoten, die nachts die Wälder und einsamen Höhen belebten. Margarethe hatte ein großes Herz.

„Sagt Herr, seid Ihr nicht manchmal zu bitter und streng zum einfachen Volk?“, sagte sie oft zu ihrem Mann. „Die Menschen sind keine Gelehrten, die alles durchdenken, sie wollen fühlen! Lasst sie doch ihren düsteren Alltag sich versüßen! Bedenkt doch, was geschehen könnte, wenn unser gnädiger Fürst einmal in die Ewigkeit gegangen ist. Ihr wisst doch nicht, ob nicht sein Sohn das Rad zurückstellt und wieder zum alten Glauben zurückkehrt. Und was werden dann die Leute mit Euch machen, wenn Ihr sie so geistig knechtet? Sie werden Euch verjagen wie einen Wolf oder gar ums Leben bringen!“

Immer wenn Margarethe solche Worte sprach, wurde es Heinrich Schenckbar ganz warm ums Herz und er wusste plötzlich genau, welchen Schatz er an seiner Gattin hatte.

„Nein!“, sprach er dann. „Das wird nicht so kommen, weil Gott es nicht zulassen wird, dass sein Werk in Frage gestellt wird!“, fügte er hinzu und dachte doch insgeheim ängstlich an das Gegenteil.

Die Ruhe nach dem Sturm 24.10.1648

Die kaiserlichen Herolde ritten durch ganze Heilige Römische Reich Deutscher Nation und verkündeten mit Trompeten den Frieden. Die Menschen weinten vor Freude, wenn sie sich ihren Städten und Dörfern näherten. Bunt gewandet mit großen Fahnen, auf denen der Adler des Reiches zu sehen war, ritten sie auf ebenso prächtig geschmückten edlen Rössern von Stadt zu Stadt, bliesen lautstark in ihr Horn und verkündeten auf allen Plätzen den Frieden. Frieden! Nach dreißig Jahren Krieg endlich Frieden! Die meisten Leute konnten sich nicht an Frieden erinnern, sie waren mit Krieg, Gewalt und Zerstörung aufgewachsen und kannten nichts anderes in ihrem Leben. Die Alten erzählten manchmal von früheren, friedlichen Zeiten, aber das konnten sie sich nicht vorstellen. Eine Welt, in der nicht die Schlagkraft des Stärkeren mit Gewalt durchgesetzt wurde, sondern Recht und Ordnung herrschte und nicht jeder einen anderen ungestraft erschlagen durfte, wie es dreißig Jahre die Landsknechte und Kriegsherren vorgelebt haben. Unvorstellbar!

So kam der kaiserliche Herold auch nach Biedenkopf, und als Schultheiß Jost Alexander Walther ihn am Stadttor empfing und den Wachen die Anweisung gab, ihn passieren zu lassen, brach ein großer Jubel im Volk aus und die Leute begannen zu tanzen und zu feiern, zu rufen und zu weinen, noch bevor der Herold überhaupt den Marktplatz und die Stadtkirche erreicht hatte. Langsam nahm er Stellung oberhalb des Marktbrunnens, beruhigte sein Pferd und dann endlich blies er das Horn und verkündete im Namen der kaiserlichen Majestät den Frieden. Es war tatsächlich Frieden.

Der Jubel der Bürger wollte gar nicht abklingen und jeder, der fähig war ein Musikinstrument zu spielen oder die Trommel zu schlagen spielte auf und das Volk tanzte wild in langen Reihen und feierte ihn: Den Frieden!

„Öffnet meinen Keller und holt das Bier und den Wein heraus. Heute soll jeder feiern können!“, schrie Schulheiß Walther aus voller Kehle und das Volk antwortete ihm mit einem tosenden „Jucheh! Ehre unserem Schultheiß Walther, unserem ehrenfesten und hochrühmlichen Herren!“

Und schon wurden die Fässer aus dem alten Gewölbekeller geholt und nach und nach den Abhang hinter an der Kirche vorbei zum Marktbrunnen gerollt. Eines nach dem anderen wurde angestochen und die Leute sangen, tanzten, musizierten und tranken, bis die ersten vollkommen erschöpft und volltrunken über dem Rand des Brunnens hingen und einschliefen.

Komisch war es schon anzusehen, als der Herold die Stadtgasse hinaufritt, so prächtig und fröhlich, war doch erst jedes dritte Haus wiedererbaut worden und zwischen jedem stehenden Haus klaffte eine Baulücke mit Brandruinen aus Schutt und Asche.

Eigentlich war schon abzusehen gewesen, dass es nicht mehr lange bis zum Kriegsende dauernd würde. Da flammte der Konflikt zwischen Hessen-Kassel und Hessen-Darmstadt noch einmal so richtig auf. Vor einem Jahr hatten die kaiserlichen Truppen Marburg erobert und bei der Belagerung hatten die Landsknechte einen ihrer berüchtigten Versorgungszüge veranstaltet. So ein Belagerungsheer bestand meist aus vielen tausend Kriegsleuten, die in ihrem Tross nicht nur Handwerker und Huren, sondern auch ihre Frauen und Kinder mitführten. Wenn sich ein solches Heer in Bewegung setzte, glich das eher einer Völkerwanderung als einem Kriegszug. Und all diese Menschen wollten versorgt werden mit Essen und Trinken,

Kleidung und Material, aber auch mit Geld und Raubgut. Und da wurde in der Umgebung einer Belagerung großflächig geplündert, gemordet, geraubt und vergewaltigt, was das Zeug hielt und niemand konnte sie aufhalten oder gar strafen.

In solchen Situationen hatte sich Schultheiß Walther zum wahren Volkshelden entwickelt. Immer wenn durch Boten bekannt wurde, dass sich wieder einmal irgendein Heer der Stadt näherte, sattelte er sein Pferd und ritt manchmal auch mitten in der Nacht und ganz allein den feindlichen Landsknechten entgegen, um diese durch Worte und Bestechung von der Verschonung der Stadt Biedenkopf zu überzeugen.

Der Schultheiß besaß eine Helmbarde und eine Muskete. Und er hatte einen Brustpanzer und eine eiserne Sturmhaube, aber ohne Silbergroschen, Wein und guten Schinken wäre auch er machtlos gewesen. So konnte er bisher die Zerstörung der Stadt verhindern, wenn er auch nicht den zahlreichen Einquartierungen von Kriegsvolk und Marketenderinnen und den damit verbundenen Plünderungen und Gewalttaten der Bevölkerung gegenüber Einhalt gebieten konnte.

Die Menschen waren Krankheit, Hunger, Gewalt und Tod so sehr gewöhnt, dass sie durch fast nicht zu schrecken waren. Immer wieder hörte man von Fällen, wo Menschen ihre Nachbarn oder gar ihre Kinder geschlachtet und aus Not gegessen hatten. Hunde, Katzen und Ratten zu verspeisen gehörte ohnehin zum Alltag dieser unglaublichen Zeiten. Aber es gab auch Fälle, in denen die Leute die Toten aus ihren frischen Gräbern holten und in Garküchen zubereitet ans Volk verkauften. Ein Mensch zählte in diesen dreißig Jahren nicht viel, weder tot noch lebendig.

Und so kam es im Jahr 1647 dazu, dass Landknechte auf einer dieser Plünderungstouren auch vor den Stadtmauern Biedenkopf lagerten, als sie von einigen Männern angegriffen und erschlagen wurden. Schnell hieß es, dass das die Biedenkopfer Bürger getan hätten. Und so gab der Feldherr Melander von Holzappel, der vor Marburg lagerte den Befehl Biedenkopf zu bestrafen. Es setzte sich ein Zug von mehr als tausend berittenen Landsknechten in Bewegung. Es fiel ihnen in dieser Übermacht nicht schwer die Stadttore zu durchbrechen.

Und als sie ins Innere der Stadt einritten, brach das blanke Chaos aus. Wer laufen konnte versuchte, sich in den Wäldern zu verstecken. Jedes Haus wurde aufgebrochen, alle Möbel, Wäsche und andere Gegenstände aus den Fenstern auf die Straßen geworfen und draußen auf Wagen geladen und abtransportiert. Was nicht direkt zu gebrauchen war, wurde angezündet. Wen die Kriegsherren in den Häusern antrafen wurde geschlagen, vergewaltigt und dahingemetzelt. Und zum Schluss zündete man die ausgeraubten Häuser an, bis die Stadt nur noch aus einem einzigen Flammenmeer bestand.

Der Schultheiß stand in seiner eigenen Haustür als sich das Kriegsvolk dem Amtshaus näherte.

„Gebt mir den Schlüssel zu Eurem Keller! Sofort!“, brüllte der kaiserliche Leutnant von seinem Schlachtross herab.

Und Jost Alexander Walther war weise genug dieser Anweisung sofort und ohne Widerrede Folge zu leisten. Seine Familie hatte sich in der hintersten Ecke des Dachbodens verschanzt. Einem Säugling hatte die Mutter ein Stück Stoff in den Mund gestopft, damit er nicht weinen konnte. Sie wagten noch nicht einmal zu atmen.

Mit einem Schlag des eisernen Handschuhs ins Genick des Schultheißen war dieser für Stunden außer Gefecht gesetzt und die höheren Kriegsherren setzten sich gemächlich in die schwarze Rauchküche und ließen sich von der vor Angst zitternden Magd die Vorräte des Amtes Biedenkopf auftischen.

Als der Wein zur Neige ging, wurde Bier heran gekarrt. Eine tote Kuh lag quer über der Eingangstreppe und wurde von Marketenderinnen mit schmutzigen Händen und viel zu kleinen Messern in Stücke geschnitten, dass das Blut die Treppe herunter bis auf den Kirchhof rann.

Endlich waren die Herren im Vollsuff eingeschlafen, als weitere wilde Reiter mit Fackeln und hoch erhobenen Spießen in hoher Geschwindigkeit den Hang zum Amtshaus hinaufritten. Einer warf die brennende Fackel durch die geöffnete Haustür ins Innere des alten Hauses.

„Hier nicht! Du blöder Hurensohn!“, sagte eine der Marketenderinnen, holte die Fackel zurück und warf sie dem Reiter entgegen. „Der Leutnant schläft da drin. Aber oben sind noch Sachen.“

Die Reiter waren abgestiegen und sahen mit ihren zweifarbig gestreiften Pluderhosen aus als wären sie mit Watte ausgestopft. Sie sprangen ins Haus und durchwühlten jeden Raum.

Schon öffneten sich die Fenster im obersten Stock und es wurden Bettgestelle und ganze Truhen aus dem Fenster geworfen, die mit lauten Schlägen auf dem steinernen Boden vor dem Haus zerschellten. Auch Kleidungstücke und sogar Bücher flogen hinterher und alles landete auf einem großen Haufen, der sich direkt vor der Haustür aufzutürmen begann.

„Hier ist kein Gold, nur Plunder!“, rief der Landsknecht durch die oberste Dachluke blickend nach unten. Und schon war er wieder unter freiem Himmel und warf die Fackel in den Haufen aus Möbeln, Wäsche und Küchengeschirr, der langsam begann Feuer zu fangen.

Ja, so ist das Schenckbarsche Haus ein zweites Mal nur knapp den Flammen entgangen, dachte der Schultheiß und dachte weiter an die Ereignisse im großen Krieg zurück.

Das erste Mal war 1635. Aber das hatte gar nichts mit dem Krieg zu tun, sondern ein Schmied in der Unterstadt hatte nicht auf sein Feuer Acht gegeben und in hoher Geschwindigkeit hatten die Flammen die Strohdächer in Brand gesetzt.

Erst brannte die Unterstadt, dann die Oberstadt und der Galgenberg und Tauwinkel. Und von dort aus wurde der ganze Wald am Eschenberg ein Raub der Flammen.

Diese schlugen so hoch in den Himmel und es war so heiß, dass sich ein regelrechter Feuersturm entwickelt hatte, der die Flammen wie in einem heißen Orkan immer weiter vor sich her trug.

Durch den Krieg und den dauernden Hunger waren die Menschen zu schwach, all dem Einhalt zu gebieten. Sie konnten es nicht. Durch die große steinerne Kirche und eine Baulücke an der Scherr stand das alte Amtshaus wie ein unantastbares Monument inmitten der rasenden Flammen, die um es herum von allen Seiten bis in den Himmel schlugen, und Gott allein weiß, warum es nicht auch Feuer gefangen hatte.

Dieses Elend. Die Leute hatten kein Dach über dem Kopf, das Vieh war von fremdem Kriegsvolk gestohlen und man traute sich kaum aus den Stadtmauern heraus, weil die Reiter jeden den sie auf dem Feld antrafen einfach erschlugen.

So wurden auch die Felder kaum bewirtschaftet. Der Hunger und der Tod griffen mit ausgebreiteten Händen zu und für viele Kinder, Alte und Schwache war er eine Erlösung von dieser irdischen Qual.

Das Ungeziefer und der Dreck nahmen Überhand in der Stadt und so dauerte es keine zwei Jahre, dass der schwarze Tod die Stadt wieder fest im Griff hatte. Die Leute fielen um wie die Fliegen. Oft starben ganze Familien innerhalb weniger Tage komplett aus und wurden danach wochenlang tot in ihren Häusern liegen gelassen.

Die Türen und Fenster hatte man von außen mit Brettern zugenagelt, damit niemand mehr hinein, aber auch keiner mehr hinaus konnte. Nicht selten hörte man aus einem so versiegelten Haus noch leises Wimmern, wenn man vorüber ging. Ein Kind oder eine alte Frau eingesperrt mit den restlichen bereits verstorbenen Familienmitgliedern bettelte durch die Holzbretter nach außen um ein Stückchen Brot, das aber keiner mehr hatte. Die Menschen aßen Baumrinde und Gras.

Die Pestärzte liefen durch die Stadt, konnten aber auch nur die Toten einsammeln. Mit Schnabelmasken, die mit Gewürzen gefüllt waren, schoben sie die Karren vor sich her und kippten Alte, Männer, Frauen und Kinder auf dem Kirchhof ab, wo sie in hohen Haufen tagelang herumlagen, bis man große Scheiterhaufen errichtete und begann, die Leichen zu verbrennen, was der Kirche in Dorn im Auge war. Aber was war an dieser Welt noch in Ordnung? Es gab ja keinerlei Ordnung mehr. Also war es, wie es war.

Auch der Schultheiß selbst hatte nach einigen Jahren Krieg keinerlei Ordnung mehr. Weder in seiner Amtsführung, noch in seinem Leben.

Seit alter Zeit standen dem Schultheißen und Rentmeister ein Zehntel eines jeden in die Stadt eingeführten Weinfasses zu. Dies war ein Teil seiner Einkünfte, sollte aber auch dazu dienen, Gäste oder Gesandte des Landgrafen ordentlich bewirten zu können. Und Überschüsse sollten, wenn nicht zum Eigenbedarf benötigt, eigentlich an den Landesherren abgeführt werden.

Schultheiß Jost Alexander Walther aber machte ein Geschäft daraus und betrieb in seinem Haus eine illegale Schänke.

In einem Beschwerdebrief der örtlichen Wirte an die Landesherrschaft in Darmstadt über sein Verhalten wurde angeklagt, dass er Tag und Nacht und alle Tage im Jahr Gelage bei sich im Hause feiern ließ und den Wein verkaufte, der dem Amt Biedenkopf gehöre. Auch würde bei ihm im Hause täglich gesoffen und getanzt, wie sonst nur an hohen Festtagen üblich. Es habe aber gar keinen Wert, den Rat der Stadt zu dieser Ungeheuerlichkeit zu befragen, denn dieser kehre ebenfalls fast täglich im Haus des Schultheißen ein.

Das eingenommene Geld führe der Schultheiß aber nicht ab, sondern bewahre es für sich in einer Kiste. Also hatten die Bürger der Stadt den Zaun am Amtshaus eingerissen und alles aufgebrochen, um nach dem Geld zu suchen. Auch das sei von keiner Seite angemahnt worden, sondern man ließ in dieser mittlerweile so heruntergekommen Stadt einfach alles gewähren, was geschah. Das einzige was er tat war, dass der Schultheiß selbst mit seinem Degen die Justiz ohne Urteil ausführte und unbescholtene Bürger auch ohne Grund und Urteil in seinem Keller über Tage und Wochen einzusperren pflegte.

Auf der anderen Seite hatte Walther aber auch einen guten Stand bei den Bürgern, denn er setzte sich mit eigenem Leben für die Stadt ein. Einmal hat er ganz allein einer Gruppe plündernder Landsknechte das Raubgut wieder abgenommen und das gestohlene Gut den ursprünglichen Besitzern zurück gegeben.

Aber es gab eine Erfahrung in seiner Amtszeit als Rentmeister und Schultheiß, die ihn seit Jahren nicht zur Ruhe kommen ließ. Ja, er träumte sogar oft davon und wachte nachts schweißgebadet auf und konnte nicht wieder einschlafen.

Mitten im großen Krieg, im Jahre 1631 hatte er einen besonderen Prozess zu führen. Der fünfzehnjährige Sohn von Caspar Sangen, den alle nur den „blöden Heinrich“ nannten, war wegen Hexerei und Buhlschaft mit dem Satan angeklagt worden.

Der Schultheiß kannte den Jungen seit seiner Geburt sehr gut. Schon nach einigen Tagen war klar zu sehen, dass aus dem Jungen nichts werden würde.

Vor Hunger und Schmerzen gelähmt hatte sich seine Mutter dem Branntwein hingegeben. Tag und Nacht war sie betrunken. All das verbliebene Geld setzte sie nach und nach in Schnaps um. Die ersten Monate hatte sie deshalb gar nicht gemerkt, dass sie in freudiger Erwartung war, so sehr hatte das Teufelswasser ihren Verstand vernebelt.

Ihr Mann, der Caspar, glaubte ihr nicht, dass das Kind von ihm sein sollte, hatte er sie doch während einer der häufigen Einquartierungen mit einem fremden Söldner erwischt. Seitdem schlug er sie regelmäßig und brutal zusammen. Ein Elend war das in diesem Haus. Nicht nur einmal musste Walther die Stadtwache ausrücken lassen, um das Ehepaar daran zu hindern, sich gegenseitig abzuschlachten. Aber auch das war kein seltenes Verhalten in diesem Krieg, der die Seelen der Menschen in tiefe, dunkle Abgründe taumeln ließ.

Auf jeden Fall wunderte sich niemand, als der kleine Heinrich ein wenig schwach und mit schlechtem Augenlicht auf die Welt kam. Als er begann zu sprechen, merkte jeder in der Stadt sofort, dass es auch mit seinem Verstand nicht weit her war, weshalb der Junge schnell zum Objekt der Verhöhnung durch die anderen Kinder wurde.

Aber bösartig war er nicht. Er war eher zu lieb und ließ sich alles gefallen. Einmal ritt der Schultheiß durch die Untergasse als er sah, dass drei junge Burschen den Heinrich schlugen und mit Steinen bewarfen. Er sprach den Jungen an, um ihm zu versprechen, dass er die Täter zur Strecke bringen wolle. Aber da war der kleine Kerl einfach weggelaufen.

Es war schon sehr erstaunlich, wie gut er durch die Gassen rennen konnte, obwohl er doch sein Bein ein wenig nachzog und sein Augenlicht nicht sehr gut war. Das funktionierte solange gut, bis etwas Neues oder nicht Vorhersehbares seinen Weg versperrte. Dann waren blaue Flecken sicher. Die alten Weiber erzählten sich, dass der Junge bestimmt ein drittes Auge hätte, womit er wie eine Katze in der Nacht sehen könne.

Als der Junge älter wurde, wurde er ganz still und zog sich zurück. Stundenlang lag er im Gestrüpp am Schlossberg und sprach mit sich selbst. Vielen wurde er zunehmend unheimlich. Was aber an diesem unglückseligen Sonntag in den Jungen eingefahren war, wusste Jost Alexander bis heute nicht.

Erst vor einigen Jahren war ein Onkel des Jungen im südhessischen Raum der Hexerei angeklagt gewesen. Er soll ein Tuch gewebt haben, auf dem ein Angesicht zu sehen gewesen sei. Und jeder, der das Tuch in seinen Besitz gebracht hatte, war innerhalb weniger Tage unter großen Schmerzen gestorben.

Ausgerechnet an dem Tage, als eine Delegation der theologischen Fakultät der Marburger Universität in der Stadt war und den Gottesdienst besuchte, brach Heinrich Sangen alle Ketten. Er trat beim Abendmahl vor den Altar, neben ihm sein Vater. Als man ihm die Hostie in den Mund legte fing er an wie wild um sich zu schlagen und zu brüllen:

„Ich will das nicht! Ich will Jesus nicht mehr! Ich gehöre dem Satan!“

Alle Anwesenden waren vor Entsetzen wie versteinert. Die einen oder anderen begannen damit, wie wild mit den Armen Kreuze in die Luft zu schlagen, oder hielten sich einfach die Hände mit gespreizten Fingern vors Gesicht.

Mit einem Mal drehte sich Heinrich herum und erbrach in Richtung des Altars fast direkt vor die Füße des erstarrten Pfarrers, der daraufhin die Patene fallen ließ und ruckartig drei Schritte zurückwich. Dann lief der Junge auf den Kirchhof erbrach erneut und trampelte wie wild auf dem Erbrochenen herum, während er schrie und tobte. Die Menschenmenge, die ebenfalls die Kirche verlassen hatte sah das Schauspiel mit einem Schaudern und Entsetzen.

Die anwesenden Stadtwachen zögerten nicht lange und warteten in diesem Fall auch nicht den Befehl des Schultheißen ab, sondern sie schritten sofort zur Tat. Innerhalb einiger Sekunden war Heinrich Sangen festgenommen und wurde seitlich um die Kirche herum und an der Notgotteskapelle vorbei zum Kirchhof hinausgeführt und von dort ohne Zögern in den Keller des gegenüberliegenden Amtshauses gesperrt.

Nun begannen die ersten Befragungen, die der Schultheiß von Amts wegen durchzuführen hatte. Zunächst nur in Fesseln und später nach „peinlicher" Art.

Hierfür gab es im Strafgesetz eine genau festgelegte Ordnung und Reihenfolge. Nach dem Aufhängen an den hinter dem Rücken gefesselten Armen folgte die Tortur mit Daumenschrauben und glühenden Zangen.

Nach dem dritten Durchgang legte der Knabe sein erstes Geständnis ab:

„Ich habe im Schlossberg den Teufel getroffen. Der hat mir sein Ding in den Arsch gesteckt und in den Mund. Und dann hat er mir eine Wurzel gezeigt. Die habe ich ausgegraben und gegessen. Dann konnte ich durch die Luft fliegen und die ganze Stadt von oben sehen. Ich war in Ziegenhain und habe mich dort in einem Baum im Namen des Teufels taufen lassen. Nachdem der Teufel das getan hat, hat er sich in Hunde und Katzen verwandelt und ist in alle Richtungen davongesprungen.

Und dann habe ich dem Glauben abgeschworen und mich dem Satan unterstellt. Und dann konnte ich zaubern. Und der Teufel hat mir noch eine Wurzel gezeigt, die habe ich dann auch gegessen. Und deshalb habe ich den Leib des Herrn auswerfen müssen, weil er mir zuwider ist. Und die alten Weiber in der Hintergasse haben mich zaubern gelehrt.

Und ich weiß einen Zauber, dass mich alle Mädchen lieben müssen. Der Teufel hat mir auch einen Menschenknochen auf dem Kirchhof gezeigt. Den habe ich durch die offene Haustür vom Amtshaus geworfen. Seitdem geht er dort um, der Untote, alle Nacht! Solange ich und der Teufel das wollen!“

Darauf wurde die peinliche Befragung beendet und weitere Zeugenaussagen folgten.

Die Eltern und die Nachbarn, alle die etwas zu sagen hatten, wurden befragt. Dies geschah oben im Amtszimmer, während Heinrich unten im Keller lag und weinte. Es war schauderhaft, was da alles zum Vorschein kam. Ein Gemenge aus persönlichem Hass und Neid gepaart mit Dummheit und Aberglauben. Der Niedergang der Kultur und die Kälte der Herzen war niemals vorher und auch später niemals wieder so deutlich zu spüren, als in diesen widerlichen und erschreckenden Jahren des großen Krieges, den man auch die Mutter aller Kriege nennt.

Auch ein Gutachten von der juristischen Fakultät in Marburg wurde in Auftrag gegeben, worin explizit geäußert wurde, dass Schwachsinn nicht vor Strafe schützt. Der unheilige Leib sei in jedem Falle durch die Flammen des Scheiterhaufens zu reinigen.

So musste es geschehen. Für alle weiteren Befragungen und für die Hinrichtung wurde Heinrich auf einen geschlossenen Karren geladen und nach Marburg gefahren. Für die Dörfer um Umkreis hatte Alexander Walther auch die Halsgerichtsbarkeit. Für Einwohner der Stadt musste das Marburger Gericht urteilen, damit keine Parteinahme möglich war. Er hätte ihn retten können, aber in Marburg, wo die hohen gelehrten Herren der Universität urteilten, hatte Heinrich keinerlei Chance zum Überleben. Wieso nur hatte sich der Junge selbst belastet, wieso solche Dinge von allein und ohne Druck erzählt? Warum nur, warum? War er vielleicht wirklich vom Teufel besessen gewesen? Noch heute glaubte Alexander Walther manchmal nachts den Ruf des Totenbeins zu hören, dessen Geist noch immer in dunklen Nächten im Hausflur erschien. Noch heute wagten sich die Mägde morgens früh im Dunkeln nur mit einer Bibel unter dem Arm über den Flur in die Küche, um dort das Feuer zu entzünden.

Noch heute kroch der üble Geruch von brennendem Fleisch dem Schultheißen in die Nase, wenn er nur daran dachte. Das waren die schlimmsten Tage seiner Amtszeit, schlimmer noch als die Plünderungen. Hier fühlte er sich ohnmächtig. Bei Kriegshandlungen hatte er wenigstens das Gefühl gehabt, er könne den Degen ziehen, wenn er es auch nur selten tat. Das alles war im Jahre 1631. Mitten im großen Krieg. Als wenn dieser nicht als solcher schon schlimm genug gewesen wäre.

Seine Frau Anna Maria, eine geborene Gumpel hatte echten Reichtum ins Haus mitgebracht. Sie entstammte einer alten Familie, die seit je her mit vielen Einkünften, Rechten und Gütern belehnt war und teilweise edle Vorfahren nachweisen konnte. Doch auch sie war nun nur noch Haut und Knochen und die Verrohung und Entmenschlichung von dreißig brutalen Kriegsjahren hatten auch ihr Blut gefrieren lassen.

Aber das alte Haus hatte auch bessere Zeiten erlebt. Noch vor Beginn des großen Krieges und noch unter Schultheiß Heinrich Schenckbar war noch einmal Größe, Macht und Glanz ins Haus eingezogen, wenn auch aus eigentlich traurigem Anlass. Die gesamte hessische Regierung musste wegen der Pest aus Marburg fliehen und bezog für einige Monate das durch den Schultheiß so aufwändig neu restaurierte Amtshaus in Biedenkopf.

Da waren die Zimmer bevölkert von hochadligen Herrschaften und ihren edlen Damen in prächtigen Gewändern. Es wurde Politik gemacht und repräsentiert. Das ganze Haus glich einem fürstlichen Hof. Wie gerne hätte Jost Alexander Walther auch einmal diese Ehre gehabt, aber seine Amtszeit war ja durch andere, wesentlich traurigere Dinge geprägt. Aber dennoch. Nach dem erneuten Bekenntniswechsel der Landgrafen weg vom Calvinismus zurück zum Luthertum musste Heinrich Schenckbar die Stadt verlassen und sein Amt aufgeben. Am Ende blieb ihm nichts anderes übrig als das Haus über dem Kirchhof an den neuen Schulheiß und Rentmeister Jost Alexander Walther zu verkaufen. Alles zusammen wurde diesem dann zusammen mit dem Hofgarten durch den neuen Landgrafen zum Erblehen gegeben.

„Leute, tanzt und feiert, bis ihr nicht mehr könnt!“, rief der Schultheiß aus einem der Fenster über den Kirchhof hinweg.

Noch einmal blies der bunte Herold in sein Horn, dann ritt er mit wehenden Fahnen einmal um das Amtshaus herum und oberhalb desselben durch die neue Pforte zur Stadt hinaus.

Es war tatsächlich Friede!

Frau Zießlers Gefühle 20.10.1651

„Sie hat ihren Geist aufgegeben. Jetzt ist sie beim Herrn!“, sagte der Pfarrer und drückte Anna Katharina Zießler die leeren Augen zu.

In ihrem Schlafgemach im zweiten Stock des Hauses über dem Kirchhof hatte sich, wie in den letzten Tagen so oft, viel Volk versammelt, um der Sterbenden beizustehen und ihren Worten zu lauschen.

Sterben gehörte zum normalen Alltag der Menschen in dieser Zeit. Gerade nach den schlimmen Erfahrungen im großen Krieg hatte der Tod all seinen Schrecken verloren und war so selbstverständlich geworden wie essen, trinken oder schlafen.

Was aber hier geschah war sehr wohl außergewöhnlich, auch in dieser Zeit. Kaum einmal gab es einen Fall, dass eine sterbende Person so aufrichtig über ihr Leben, die Dinge der Welt und das zukünftige Himmelreich sprach wie Frau Zießler das seit nahezu einer Woche täglich stundenlang tat. Für ihre Familie war das ein langer und beschwerlicher Weg dem Abschied entgegen. Ihr Mann und ihre Familie hätten sich eher ein schnelleres und unauffälligeres Abtreten der Hausherrin gewünscht, mussten sie doch nun schon seit Tagen ihre Gefühle den Fremden gegenüber zügeln und die Anspannung wollte nicht weichen, weil niemand wusste, ob der jetzige Atemzug nicht schon der letzte sein konnte.

Anna Katharina sprach von der Sündhaftigkeit der Welt, von ihren fürchterlichen Erlebnissen im großen Krieg, von ihrer Kindheit und Jugend in Vöhl und Marburg bei ihren Großeltern. Aber sie sprach auch vom Strafgericht Gottes, das über die Menschheit kommen werde und wie dann Feuer und

Schwefel vom Himmel fallen werde und der Satan all diejenigen verschlingen solle, die nicht ehrfürchtig und demütig unter Gottes Sonne gewandelt waren. Sie sprach von den Geschöpfen der Hölle, von ruhelosen Seelen und von Hexen, die es zu bekämpfen galt. Gottes Güte und das ewige Himmelreich war aber allen sicher, die sich dagegen wehrten und regelmäßig die Sakramente empfingen.

So verging kein einziger Tag, dass nicht der Pfarrer der gegenüberliegenden Stadtkirche St. Johannes die Schlafstube der Schultheißin mit dem Kelch und der Patene in der Hand betrat, um ihr das heilige Sakrament ans Sterbebett zu bringen. Täglich legte sie ihm gegenüber, aber auch im Beisein der Familie und allerhand fremder Personen ihr Sündenbekenntnis ab und erleichterte ihre Seele. Die Worte der Frau Zießler glichen nicht denen einer normalen Sterbenden, sondern sie waren wie Predigten und berührten die Seele.

Das hatte sich schnell herumgesprochen in Stadt und Land, und jeder, der die Möglichkeit hatte, versuchte einige Stunden mit der Dahinscheidenden zu verbringen, um ihren Worten zu lauschen.

„Ich will in der Kirche, neben meinem geliebten Töchterlein begraben sein. Man soll auch meinen Gedenkstein neben den Stein meines Kindes stellen, damit unsere irdischen Hüllen im Tode auf ewig vereint bleiben mögen. So kann ich von dort in nur geringem Abstand meinen schönen Hofgarten und mein geliebtes Haus überblicken!“, sagte sie mit schwacher Stimme.

Ja, sie hatte eine besondere Beziehung gehabt zu ihrer kleinen Tochter Hedwig. Lange war dem Schultheiß Johannes Zießler und seiner Gattin das Eheglück verwehrt gewesen. Im großen Krieg waren sie oft auf der Flucht gewesen und hatten viel Leid erlebt. Wie gut, dass man nach all diesen Irrwegen endlich hier in Biedenkopf zur Ruhe kommen konnte. Das Schultheißenamt war schon mehrere Generationen bei der

Familie Walther verblieben und Johannes wurde als Neffe des alten Rentmeisters dazu auserwählt, das Amt fortzuführen, da der Enkel des Alten noch sehr jung an Jahren war und in Gießen die Juristerei studierte.

So konnten sie in das Haus über dem Kirchhof einziehen und bekamen den Hofgarten zu Lehen. Welche Ehre und welches Glück nach all den Jahren der Entbehrungen.

Im Volk waren die Zießlers mehr als beliebt und geachtet. Gegenüber den eher raubeinigen Amtsvorgängern galt dieser Schultheiß als milde und weise. Und seine Frau stand im Ruf edelmütig und gebildet zu sein. Das entsprach wohl auch der Wahrheit. Die Zießlers und die Walthers konnten mit einer nahezu illustren Verwandtschaft aufwarten. Es waren neben hohen Geistlichen und amtlichen Würdenträgern auch viele Gelehrte von hohem Ruhm und Feldherren von hoher Ehre unter ihnen. Bei den Festlichkeiten, die die Zießlers ausrichteten, waren die Tische umgeben von Philosophen, Professoren, Ärzten, Metropoliten und höfischen Beratern. Auch der Adel und reiche Kaufleute aus aller Herren Länder stellten sich oft im Hause ein und blieben meist über Wochen. Wer etwas auf sich hielt, wollte einmal zu Tische sitzen bei den gelehrten und edlen Herren.

Es gab bereits zwei Stiftungen, die die Familie ins Leben gerufen hatte. Eine stammte noch aus der Zeit des Priesters Budiker genannt Walther und die andere aus der Zeit des Rentmeisters Jost Alexander Walther. Aber beide hatten die Aufgabe, jungen Menschen aus der Familie die Mittel zu einem Studium zur Verfügung zu stellen. So kam es, dass innerhalb von hundertfünfzig Jahren große Geister aus dem Haus über dem Kirchhof hervorgegangen waren, die die Studierstuben der Welt bevölkerten.

Die Themen, die bei den abendlichen Runden im Haus des Schultheißen aufgegriffen wurden, waren so vielfältig wie die

Welt selbst. Von der hohen Theologie, der Philosophie und der Juristerei und Medizin bis hin zu Alchemie, Literatur und der antiken Geschichte gingen die Gespräche, und die Gäste aus fernen Ländern bereicherten das Wissen durch immer neue Ideen und Erkenntnisse.

In diesem Umfeld verbrachte Frau Zießler die schönste Zeit ihres kurzen Lebens.

Und endlich wurde sie von Gott mit froher Hoffnung gesegnet. Sie brachte ein kleines Mädchen zur Welt, das sie auf den Namen Hedwig taufen ließen. Aber schon nach nur sechsundzwanzig Tagen lag das Kind tot in seinem Bettchen. Die ganze Stadt war zu Tränen gerührt. Frau Zießler konnte es nicht begreifen und hielt das tote Kind in ihren Armen und begann für es zu singen und es zu wiegen, als wenn es noch leben würde. Man musste ihr das Kind mit Gewalt aus den Armen reißen, um es auf seinem Totenbettchen aufbahren zu können. Aber in jedem unbeobachteten Moment nahm Anna Katharina ihr Kind wieder hoch auf ihren Arm und lief mit ihm in der Stube herum. Sie war vollkommen von Sinnen.

Seit diesem Tag hatte sie keine Freude mehr am Leben. Das Haus war für sie still geworden wie ein Grab. Schon früher hatte sie manchmal ohne ersichtlichen Grund einfach aus dem Nichts heraus zu weinen begonnen, was die Anwesenden oft sehr befremdete.

Nun aber blieb der Kloß im Hals ein ewiger Dauerzustand. An nichts konnte sie sich erfreuen, und aus dem ehemals so mit positivem Mut erfüllten Haus wurde innerhalb weniger Monate ein Schweigekloster.

Zunehmend fühlte sich Frau Zießler nun auch körperlich schwach. Es fiel ihr schwer, die Treppen zu laufen und durchzuatmen, und oft musste sie sich schon am frühen Nachmittag in ihre Kammer zurückziehen und schlief dann mehr als vierzehn Stunden am Stück. Das Gesinde, um das sie sich früher so liebevoll gekümmert hatte, war zutiefst besorgt.

Ihr Gemütszustand und ihre körperliche Verfassung war immer schlechter geworden. Als nach etwa einem Jahr ihr Mann für eine Zeit auf Reisen musste, hielt sie es nicht mehr aus. Sie ließ die Kutsche anspannen und fuhr bei Nacht und Nebel nach Marburg zu ihrer Großmutter, bei der sie aufgewachsen war. Diese ließ die Doktoren der Universität nach ihr sehen, doch niemand wusste Rat. Keiner konnte eine körperliche Ursache für die Schwäche finden. Als Anna Katharina merkte, dass ihr Ende nahte, ließ sie wiederum die Kutsche anspannen und fuhr zurück nach Biedenkopf. Im Haus über dem Kirchhof angekommen war sie so schwach, dass man sie in ihr Gemach tragen musste. Der Medikus wurde gerufen und ließ sie zur Ader. Aber nichts wollte helfen.

So lag sie nun schon über eine Woche in ihrem Bett und predigte dem Volk. Die ganze Stadt war still und andächtig geworden. Und als an diesem Tag das Totenglöckchen läutete, atmete die ganze Stadt durch:

„Sie hat es geschafft und ist wieder mit ihrem Töchterchen vereint. So stirbt auch die klügste und frommste Frau ganz einfach an gebrochenem Herzen!“

Das große Feuer 28.07.1717

„Das ist das Ende! Für alle Zeit das Ende! Biedenkopf ist Geschichte!", sagte Schultheiß Johann Georg Walther zu seiner Frau Anna Maria Elisabetha und sank verzweifelt auf die Eingangsstufen seines Hauses über dem Kirchhof.

Die Schultheißin blickt mit verkniffenem Gesicht um sich und fügte mich verweinter Stimme hinzu:

„Ja. Was nützt es, dass unser Haus stehen geblieben ist. Eines von nur acht Häusern, das den Brand überstanden hat. Zum dritten Mal hat das Haus ein solches Feuer überstanden. Aber was soll man mit einem Amtshaus machen, ohne Stadt? Hier ist doch nichts mehr."

Und tatsächlich ragte das alte Haus über dem Kirchhof gemeinsam mit der Kirche selbst wie der erhobener Zeigefinger Gottes aus den rauchenden Trümmerhaufen, die kreuz und quer über die ganze Stadt verteilt vor sich hin qualmten.

Hier konnte nur die Regierung in Darmstadt helfen. Von alleine würde die Stadt nicht noch einmal auferstehen können. Drei Brände in weniger als achtzig Jahren, der dreißigjährige Krieg und die Pest waren erst sieben Jahrzehnte her und hatten die Stadtbevölkerung um mehr als die Hälfte zusammenschrumpfen lassen. Gerade eben ging es aber bergauf. Das Biedenkopfer Tuch war wieder gefragt und wurde zu Höchstpreisen auf den Märkten bis nach Flandern, Italien und Spanien gehandelt. Und nun das.

Die Kaufleute hatten ihre Waren zusammengepackt und waren zum Jakobimarkt nach Battenberg gefahren. Auch viele Bürger aus der Handwerkerschaft waren ihnen gefolgt, bot der Markt doch neben allerhand Waren auch die Möglichkeit bei Musik, Tanz und Bier ein wenig Freude aufzutanken.

Doch kaum war man in Battenberg angekommen erblickte man am geröteten Himmel eine dicke hohe Rauchwolke. Von der Himmelsrichtung her musste das Biedenkopf oder Dexbach sein. Und es war Biedenkopf. Innerhalb der kürzesten Zeit brannte die gesamte Stadt mit Ausnahme von acht Häusern komplett nieder. Man begann zu löschen, aber ein Sturm fuhr immer wieder unheilstiftend in die Glutnester und ließ das Feuer immer wieder von neuem ausbrechen. Die Häuser der Bürgerschaft, sowie das Rathaus und das Pfarrhaus wurden ein Raub der Flammen. Erst an der Scherr konnte das Feuer abgewendet werden, wie damals 1635 und auch 1647 schon einmal. So blieb das alte Amtshaus über dem Kirchhof erneut verschont.

Man würde wieder für Jahre in notdürftig errichteten Bretterhütten hausen müssen, oder in feuchten alten Kellern, bis die ersten Häuser wieder stehen würden. Die Armut und die Seuchen würden nach Biedenkopf zurückkehren und die Leute dahinraffen. Es war zum Verzweifeln.

Der Schultheiß musste schnell einen Bittbrief an die Regierung in Darmstadt richten, aber der Zeitpunkt konnte ungünstiger gar nicht sein.

Wieso sollte Darmstadt einer Stadt helfen wollen, die seit einigen Jahren im Ruf stand, ein Nest von Aufrührern und Revolutionären zu sein, die sich der Staatsgewalt widersetzten.

Drei Jahre zuvor war es zu Auseinandersetzungen um die Besetzung des Amtes des Hospitalmeisters gekommen. Dieses Amt musste von der Kirche und dem Rat der Stadt gemeinsam besetzt werden.

Ein Bruder des Schultheißen war in dieser Zeit der Pfarrer der Hauptkirche in der Stadt. Und dieser und Johann Georg Walther wollten einen Günstling mit dem Amt versorgen und setzten diesen ohne Rücksprache mit dem Rat der Stadt einfach ins Amt ein.

Das wollten sich die Bürger aber nicht bieten lassen. Und als der neue Spitalmeister sein Haus vor den Toren der Stadt beziehen wollte, kam es zu tumultartigen Aufständen. Die Bürger spannten die Pferde des Spitalmeisters aus und versuchten sie wegzuführen. Diese sollten den Wagen mit dem Hausrat des neuen Amtsinhabers ziehen. Daraufhin ergriff der Spitalmeister einen Knüppel und verjagte die Bürger. Der Schultheiß und der Pfarrer wurden gerufen, aber auch der Bürgermeister und der Stadtrat waren anwesend.

So wurde sich mit Knüppeln geschlagen und mit Messern gestochen. Die Pferde wurden eingespannt und wieder ausgespannt. Das Drama nahm kein Ende. Die Bürgerschaft blockierte für Tage den Eingang zum Hospital.

Der Rat der Stadt kam in einer Gaststätte in der Oberstadt zusammen, während der Pfarrer und der Schultheiß sich im Haus über dem Kirchhof verschanzt hatten. Aber der Zorn der Bürger war nicht zu bremsen. Mit Knüppeln, Messern und allerlei schlagfähigen Werkzeugen versuchten sie das Haus zu stürmen, um den Schultheißen und den Pfarrer zu töten.

Die Miliz aus Gießen musste anrücken, um Ordnung zu schaffen. Aber auch diese hatte ihre liebe Not. Die Bürger wichen keine Handbreit zurück. So gab es bald hier und bald dort in der Stadt ein kurzes Gefecht. Die Miliz musste sich sogar kurzfristig bis auf den Kirchhof zurückziehen und gemeinsam mit dem Schultheißen in den Befestigungsanlagen des Hofgartens Schutz suchen. Erst nach dem Anrücken von Verstärkung konnte man der Lage wieder Herr werden.

Der Pfarrer schloss alle am Aufstand beteiligten Bürger vom heiligen Abendmahl aus, was den Zorn erneut anstachelte. Eine Kommission wurde eingesetzt, um die Vorkommnisse zu untersuchen. Der Pfarrer wurde seines Amtes enthoben, der Schultheiß an seine Amtspflichten erinnert und die Bürgerschaft zur Ruhe und Ordnung ermahnt.

Seither hatte jeder Soldat und jeder Beamte aus Darmstadt Angst davor nach Biedenkopf oder die Umgebung versetzt zu werden. Der Ruf des Hinterlandes war seitdem in der Hauptstadt Darmstadt eher mit dem der neu entdeckten Gebiete der wilden Heiden zu vergleichen.

Und unter diesen Umständen sollte Walther nun ein Bittschreiben nach Darmstadt senden? Und doch, Darmstadt würde sich gewiss milde zeigen.

Vielleicht sah es die Regierung von Hessen-Darmstadt ja als eine Strafe Gottes an, dass die Stadt nun niedergebrannt war, und nach einer verbüßten Strafe war man nach altem Recht doch wieder frei.

Hatte die Stadt nicht schon genug gebüßt? Man würde einen Beamten schicken, der alle Schäden aufzunehmen hatte. Dieser würde dann neue Pläne zeichnen und das gespendete Baumaterial gerecht verteilen. Hoffentlich würde dieser Beamte nicht auf die moderne Idee kommen und den Grundriss der Stadt verändern wollen.

Das würde den Aufbau teurer werden lassen und er würde länger dauern. Besser wäre es, die Häuser auf die alten Keller zu stellen, denn diese waren ja noch da. Und man könnte verbauen, was stehengeblieben war. Jede Wand, die man nicht neu errichten muss, spart ja Geld, Zeit und Mühe. Hoffentlich würde Johann Georg den Beamten davon überzeugen können.

Mit einem Schmunzeln und leichtem Schaudern dachte Georg Walther an ein Vorkommnis im Jahre 1705.

„Weißt Du noch, wie wir die leibhaftige göttliche Dreifaltigkeit im Keller hatten?“, schmunzelte Georg.

Eva von Buttlar hatte sich früh den radikalen Pietisten angeschlossen. Sie hatte in der Grafschaft Wittgenstein eine philadelphische Gemeinschaft gegründet von etwa siebzig Personen, die alles teilen, auch den Leib ihrer Mutter Eva.

Durch die fleischliche Vereinigung mit ihr, der Mutter Eva, wurden sie eins mit der göttlichen Dreifaltigkeit und dadurch zurück versetzt in den Stand der Sündlosigkeit wie einst Adam und Eva im Paradies.

Mit Justus Gottfried Winter, einem Theologiestudenten, der in der Dreifaltigkeit die Funktion des Gottvaters darstellte und Johann Georg Appenfeller, der als erlösender Sohn auftrat, war mit der göttlichen Sophia, vertreten durch die Allmutter Eva die Dreifaltigkeit komplett.

Über die fleischlichen Vereinigungen wurde penibel Buch geführt. Immerhin wollte man verhindern, dass sich Männer mehrfach fleischlich reinigen ließen.

Frauen wurden zur Reinigung genital verstümmelt, was man in der Gemeinschaft als Fest der „Frauenverschneidung“ feierte. Nach einigen Jahren ihres Treibens ließ Graf Casimir sie im Schloss zu Laasphe einsperren. Sie wurden verhört und sollten verurteilt werden. Von dort konnte die sogenannte Buttlarsche Rotte allerdings zum ersten Mal entfliehen und über die Landesgrenze ins Großherzogtum Hessen entweichen.

Schultheiß Georg Walther wurde darüber informiert und konnte die Rotte, bestehend aus drei Männern und zwei Frauen, bei Biedenkopf festnehmen. Unter tosendem Gegröle und Geschrei wurde die göttliche Dreifaltigkeit auf einem Schinderwagen durch die Stadt gefahren und sollte über Nacht im Keller des Schenckenhauses eingelocht werden.

Schon am nächsten Tag wollte man die „heiligen“ Personen den gräflichen Beamten zu Laasphe übergeben.

Ein neu angeworbener Soldat war vom Schultheißen zur Bewachung abgestellt worden. Dieser hatte jedoch weder rechte Lust auf seine Dienstzeit und schon gar nicht darauf, die Dreifaltigkeit Gottes zu bewachen.

Mit der Buttlarschen Rotte gemeinsam war eine Magd im Keller eingeschlossen, die einige Tage wegen Hurerei einsitzen musste.

Die göttliche Dreifaltigkeit und vielleicht auch ein wenig Branntwein machten auf den jungen Soldaten und die Hurenmagd einen derartigen Eindruck, dass die Magd mit der Mutter Eva die Kleidung tauschte.

Aus dem späteren Verhör wurde bekannt, dass im Keller, mitten in der Nacht ein heller Blitz aufschien und das gesamte Gewölbe in ein himmlisches Licht tauchte. Bedeckt durch dieses Licht, das den Wärter in einen tiefen Schlaf versetzte, konnten die göttliche Dreifaltigkeit und die Hurenmagd vollkommen unbemerkt einfach über den Wächter hinweg steigen und das Gefängnis ungehindert verlassen. In etwa so, wie der Herr Jesus auch seinerzeit den Apostel Petrus aus dem Kerker durch die Engel hat befreien lassen.

Die heilige Mutter Eva, die göttliche Sophia, entkam aller weiteren Verfolgung und starb Jahre später friedlich in Altona. Wer kann das schon von sich behaupten, die Dreifaltigkeit eine Nacht im Keller beherbergt zu haben, dachte Georg Walther bei sich und konnte ein stilles Lachen trotz dieses traurigen Tages kaum unterdrücken.

Aus der Ferne, aus einem Haufen Schutt in der Hintergasse, hörte man zwei Frauenstimmen ein Lied singen. Es war doch noch Lebenswillen in dieser Stadt. Vielleicht würde sie ja zum dritten Male neu erstehen, wie ein Phönix. Wie ein Phönix aus der Asche.

Eine Witwe muss kämpfen 02.05.1812

Die Familie schaute sich tief in die Augen. Die alte Witwe Kossmann war endlich für immer eingeschlafen.

„Ihr ganzes Leben bestand aus einem einzigen Kampf. Sie war immer stark, manchmal zu stark für die Welt!“, sagte Wilhelm Friedrich Kossmann und konnte dabei nicht in Richtung seiner toten Mutter schauen.

„Sie war aber auch alt und hatte alles erreicht, was sie erreichen wollte!“, erwiderte Antoinetta Susanna Maria, während sie ihren Vater genau im Auge behielt.

Die Familie Kossmann hatte immer eng zusammengehalten. Eigentlich waren sie alle sehr ausgeprägte Persönlichkeiten und mit viel Selbstbewusstsein und einem starken Willen ausgestattet. Das hatten sie von ihrer Mutter.

Diese war eine Nachfahrin der alten Schultheißenfamilien Walther, Zießler und Schmittborn, die seit mehr als zweihundert Jahren dieses Amt innegehabt und nacheinander den Hofgarten zum Lehen bekommen hatten. Sie alle residierten in ihrem Haus über dem Kirchhof.

Elisabetha Juliana Kossmann war die Witwe des Pfarrers von Geismar bei Frankenberg und war nach dem frühen Tod ihres Mannes im Jahre 1777 gemeinsam mit ihren Kindern ins Haus über dem Kirchhof eingezogen.

Ihr Vetter, der Schultheiß Friedrich Justus Schmidtborn, hatte sie ins Haus geholt, weil er sich von ihr eine Unterstützung in der Kindeserziehung erhoffte. Seine Frau war nämlich kränklich und deshalb oft unpässlich.

So bevölkerten neben den erwachsenen Personen und dem Gesinde nun auch noch insgesamt dreizehn Kinder das Haus und brachten viel Leben mit vielen Sorgen aber auch viel Freude mit.

Doch die Freude ihres Vetters Justus Schmittborn währte nicht lange. Er hatte alles darangesetzt, seine Sohn Ernst Heinrich auf das Schultheißenamt vorzubereiten. Er konnte auch aufgrund des Waltherischen Familienstipendiums an mehreren Universitäten studieren und wurde durch allerlei geknüpfte Verbindungen in die höchsten Kreise der Gesellschaft eingeführt.

Aber das Interesse des Knaben galt allem Anderen, aber nicht dem Studium und auch nicht dem Amt. Viel eher suchte er die Nähe von schwärmerischen Schöngeistern und es wurden ihm sogar Kontakte in revolutionäre Kreise nachgesagt.

Das Amt eines Schultheißen war sowieso ein überkommenes Überbleibsel aus der alten Zeit. Längst gab es Amtsgerichte und eine Polizei. Was sollte also außer das Repräsentieren noch die Aufgabe eines großherzoglich hessischen Beamten in Biedenkopf sein? Das Amt hatte seine eigentlichen Inhalte verloren und war nur noch ein Mittel zur Versorgung der alten Familien, die früher einmal die wahre Macht besessen hatten.

Als 1782 der alte Schultheiß starb, wurde Ernst sofort von der Universität geholt und ins Amt eingeführt.

Oft musste die Witwe Kossmann den jungen Mann ermahnen, doch wenigstens den allernötigsten Schriftverkehr zu erledigen. Aber es hatte keinen Zweck. Kaum war Ernst Heinrich Schmittborn zuhause, suchte er auch schon wieder das Weite. Schnell ein wenig Geld aus der Amtskasse abgezweigt, ging es mit der nächsten Postkutsche wieder nach Marburg, Wetzlar oder Frankfurt, immer auf der Suche nach neuen Abenteuern und aufregenden Bekanntschaften.

Das alles ging nur kurze Zeit gut. Schon 1786 wurde er durch den Großherzog mit dem Vorwurf der Desertation seines Amtes enthoben. Noch einmal kehrte er nachts in sein Elternhaus über dem Kirchhof zurück, nahm die gefüllte Amtskasse von seinem ungenutzten Schreibpult und verschwand für immer und ewig im Nichts. Man hat nie mehr etwas von ihm gehört.

Das Amt wurde einem Herrn Klingelhöfer übertragen, der auch nicht mehr im alten Amtshaus residierte, sondern sich ein modernes Anwesen auf dem Gelände unter dem Hexenturm errichtet hatte, welches fortan nur noch „die Klingelburg“ genannt wurde.

Es war zum ersten Mal seit 1575, dass das Amt Biedenkopf nicht aus diesem Hause heraus repräsentiert und verwaltet wurde. Die Witwe Kossmann empfand das als Schande. Die einzige Genugtuung war es, dass mit der Abdankung des Kaisers und dem Untergang des alten Reiches im Jahr 1806 auch das Amt des Schultheißen für alle Zeit aufgehoben und abgeschafft wurde. Von nun an sollte es einen Amtsrichter und einen Amtmann geben.

Aber die Familie hatte ihre Macht und ihren Einfluss verloren. Zu all dieser Stimmung des Niedergangs gesellte sich unglücklicherweise auch noch eine handfeste Erbschaftsstreitigkeit.

Andere Nachfahren der alten Schultheißenfamilien Walther und Schmittborn traten aus allen Ecken hervor und verlangten ihren Anteil an den Einkünften aus dem Hofgarten und den anderen an Familie oder Amt gebundenen Renditen.

Sie stritten sich vor Gerichten und schrieben sich gegenseitig böse Briefe. Und sie warfen der Witwe Kossmann und ihren Kindern vor, den Hofgarten und das Haus über dem Kirchhof ungerechterweise für sich allein zu nutzen. Sie hätten zumindest das Recht, ausgezahlt zu werden. Frau Kossmann kämpfte wie eine Löwin um ihren Besitz. Nach all der Schande und dem Verlust der Macht, wollte sie nicht auch noch ihr Haus und ihr Ansehen oder gar Geld verlieren.

Erst als ihre Kinder sich die Ablösung und die Privatisierung des Lehens beim Großherzog erkämpft hatten, kehrte Ruhe ein. Die Ablöse war hoch und verschuldete die Familie bis ins Untragbare. Aus diesem Grund versuchte Wilhelm Friedrich Kossmann so viele alte Rechte wie möglich zu Geld zu machen. Gegen den Willen der Mutter versuchte er den zum Haus gehörigen Kirchenstuhl zu veräußern, was ihm aber nicht gestattet wurde.

So nutzte die alte Witwe Kossmann bis zu ihrem Tod als einzige in Biedenkopf noch das alte Kirchengestühl mit dem extra separaten Eingang, welches in dem alten Gotteshaus wie ein Schwalbennest in schwindelerregender Höhe fast unter der Decke klebte.

Zuerst wurden die zum Lehen gehörigen Ländereien nach und nach veräußert und später zuerst der Hofgarten und das Haus über dem Kirchhof selbst in zwei Hälften geteilt. Von nun an war die Familie gar nicht mehr von denen der anderen Bürger zu unterscheiden.

Die Kinder erlernten normale Handwerksberufe und nur noch selten kam das Gespräch auf die ruhmreiche Vergangenheit der Familie oder des Hauses. So zog in der einen Haushälfte die Zunft der Wollweber ein, während in der anderen eine Landwirtschaft und eine Schmiede betrieben wurde.

Die nächste Generation war sich durch Erzählungen der Alten der Vergangenheit noch bewusst, aber schon die übernächste war vollends in der Masse der normalen Bürgerschaft aufgegangen und stieß nur beim Räumen auf den Dachböden auf alte Geschichten, wenn dort Dokumente über Lehen und gehaltenen Gerichtsprozesse auftauchten.

Sic transit gloria mundi. So vergeht der Glanz der Welt.

Und dennoch war das Leben geblieben. Es wurde weiter gelacht und geweint im alten Haus über dem Kirchhof.

Einmal Amerika und zurück 26.12.1863

„Ein dreifach donnerndes HOCH dem lieben Brautpaar!“, riefen die Nachbarn im Chor, als Anton und Dorothea aus der Haustür ihres Hauses über dem Kirchhof traten. Der Weg führte die beiden hinüber in die Kirche. Heute sollte der Bund der Ehe geschlossen werden.

„Good morning Mr. And Mrs. Bertram!“, tönte es von einer anderen Seite. Damit veralberten ihn die Nachbarn zu jeder Gelegenheit, denn so etwas gab es höchst selten.

Da wandert jemand gemeinsam mit seinem Bruder nach Baltimore in Amerika aus, kommt nach einiger Zeit wieder zurück, steht vor der Haustür seiner Eltern und sagt einfach, dass es da nicht schön war.

Für seinen Bruder Wilhelm war es aber wohl doch recht schön dort, denn er war ja geblieben. Noch ein weiterer Bruder Karl Theodor war nach Maryland ausgewandert. Von ihm hatte man danach gehört, dass er sehr reich geworden sein solle. Das spornte die Phantasie an in Biedenkopf und jeder wollte neue Geschichten hören vom Land der unbegrenzten Möglichkeiten. Das konnte Anton sehr gut. Alt und Jung saßen bei ihm auf der Bank vor dem Haus über dem Kirchhof und hörten sich die neuesten Geschichten von Goldschätzen, Indianerbräuten und riesigen Kartoffelernten an. Sogar Schokolade sollte dort auf den Bäumen wachsen.

„Aber ich habe auch viel Armut und Elend sehen müssen!“, sagte Anton dann aber oft zum Schluss seiner Geschichten. Nicht jeder der über dem großen Teich sein Glück suchte, hatte es dort auch gefunden. So mancher war schnell unter die Räder gekommen. Ein fremdes Land mit fremden Sitten und dann diese elende Sprache. Schrecklich. Wenn man es geschafft hatte, konnte man dort sehr reich werden, denn es gab kaum eine spürbare Obrigkeit, die mit Zöllen und Abgaben den Handel erschwerte. Aber wenn es einem schlecht ging, man keine Arbeit bekam oder krank wurde, dann, ja dann war man dort mutterseelenallein auf sich selbst gestellt. Kein Hospital und keine Kirche, die half und keine Familie. Alles weit, weit weg.

So hatten es manche geschafft, aber viele waren untergegangen. Die Abenteuerlust musste in der Familie liegen, man denke nur an Ernst Schmittborn, der vor achtzig Jahren mit der Amtskasse einfach ins Nichts verschwunden war. Man brauchte Mut und Risikofreude, um den Schritt aus der Sicherheit heraus zu tun und woanders sein Glück zu suchen. Wilhelm und Theodor war dies in Baltimore und Maryland gelungen.

Jeden Monat kamen neue Briefe und Postkarten aus dem fernen Land mit Berichten und Bildern, die so unglaublich und fremd waren, dass sie abends in gemütlicher Runde ein beliebtes exotisches Anschauungsobjekt bildeten.

Durch die Geschichten rund um Abenteuer und Auswanderung hatte es das Haus über dem Kirchhof mal wieder geschafft, in aller Munde zu sein, und jeder wusste, wo der Mann wohnte, der in Amerika gewesen und tatsächlich von dort zurückgekommen war.

Wer ihn wirklich sehr gut kannte, war darüber aber gar nicht so verwundert. Es war bekannt, wie sehr er an seiner Heimat und an seiner Familie hing. Für immer wegzugehen hätte ihm das Herz gebrochen. Und als es in Amerika nicht so gut lief wie er es sich erhofft und erträumt hatte, stand seine Entscheidung sehr schnell fest. Er wollte zurück in sein Biedenkopf und er hatte Sehnsucht nach seinem Hofgarten und dem alten Haus über dem Kirchhof.

Was waren schon die steinernen Gebäude in New York oder die Dampfmaschinen in Baltimore gegen die niedrigen Decken im Elternhaus, wo es Tag und Nacht köstlich nach Essen duftete und er jeden Winkel und jeden Stein kannte. Er wollte wieder nach Hause.

Wie sehr er am alten Haus hing hatte sich schon vorher gezeigt. Er und sein Vater waren es, die damals den alten Wehrturm bis auf einen Stumpf abgebrochen und aus den Steinen die neue Scheune auf der Stadtmauer errichtet hatten. Dabei wurde ihm ganz wehmütig im Herzen, kannte er doch die alten Geschichten von Rittern und Amtsleuten, die den Turm zur Verteidigung angelegt hatten. Durfte man den so einfach zerstören?

Es war aber nötig. Ebenso war es nötig, das alte Stadttor hinter dem Haus niederzureißen und die restlichen verbliebenen Mauern in die neue Scheune einzubeziehen. Immerhin waren Turm und Tor seit langem baufällig und stellten eine Gefahr für Leib und Leben dar. Als einen schönen oder romantischen Anblick konnte man die Gemäuer wohl kaum noch bezeichnen.

Zu dieser Zeit kam auch ein fremder Schriftsteller mit Namen Günther in die Stadt und interessierte sich für die alten Sagen und Geschichten rund um sein Elternhaus. Er wolle ein Buch über die hessische Vorzeit schreiben, sagte er damals.

Aber irgendwie hatte dieser Günther alles durcheinandergebracht, weil er nicht richtig zugehört hatte, wenn man ihm etwas erzählte.

Also ließen ihn die Leute in Ruhe und er konnte schreiben was immer er wollte. Er verwechselte den Hofgarten mit der Klingelburg, nur bei den Geschichten aus dem Dreißigjährigen Krieg und den Sagen rund um den Philosophen Vultejus und die unterirdischen Gänge hörte er genauer zu.

Das schien ihn mehr zu interessieren als die Geschichte von Lehen und Ämtern.

Als Anton aus Amerika wieder zurück war, begann er erneut Geld und Arbeit in das alte Haus zu stecken. Er wollte Güllegruben ausheben, als er tatsächlich auf einen unterirdischen Gang im Hof hinter dem Haus stieß. Dieser war angefüllt mit verkohlten Balken und Knochen, die auch gut und gerne von einem Menschen hätten sein können. Nur das Ende des Ganges war eingestürzt. Die Güllegrube wurde fertiggestellt und der Gang war danach nur noch Geschichte. Eines war aber seltsam und bot Grund für Spekulationen in der Stadt.

Arm war Anton nach Amerika gegangen und arm war er auch wieder zurückgekehrt. Jetzt aber hörte er von jetzt auf gleich auf zu arbeiten, kaufte sich teure Kleider und trank guten Wein. Er nannte sich fortan „Privatier“, wenn er eine Berufsbezeichnung angeben musste. Woher kam das Geld?

Wurde er danach gefragt, lächelte Anton Bertram nur vor sich hin, gab aber keinerlei Antwort. Auch seine Frau Dorothea schmunzelte nur, wenn das Thema mal wieder auf den Tisch kam.

Die Leute erzählten sich, dass Anton beim Ausheben der Güllegrube die verborgene Amtskasse der Schultheißen gefunden hätte, die der letzte Amtsträger Ernst Schmittborn eben doch nicht mitgenommen, sondern in einem unterirdischen Gang verborgen hätte.

Das Haus über dem Kirchhof hatte eben in allen Jahrhunderten seine Geheimnisse und die meisten bewahrte es für immer.

Geschichten aus dem Luftschutzbunker 08.05.1945

Karl Gustaf Bast stand breitbeinig vor dem Kellereingang des Hauses über dem Kirchhof und kramte in seiner Tasche nach einem geeigneten Schraubenzieher.

„Das Scheißding mach ich jetzt weg, das braucht man hoffentlich nie wieder!“ sagte er zu seiner Frau als die mit einem Eimer Feuerholz aus dem angrenzenden Schuppen holen wollte.

Und eins, zwei drei war es abgeschraubt, das Schild „Luftschutzraum“. Der Krieg war seit heute auch offiziell beendet, auch wenn Biedenkopf schon im März von den Amerikanern eingenommen worden war.

Der Führer hatte sich umgebracht und die Reichwehr hatte endgültig kapituliert. Wer brauchte jetzt noch einen Luftschutzbunker.

Über die ganzen Kriegsjahre hinweg hatte der NSDAP-Kreisleiter Thielisch angeordnet, dass der Keller des alten Hauses als einer der Luftschutzbunker für die Oberstadt zu dienen hatte. War ja auch klar. Ein Gewölbe, das fast achthundert Jahre steht, ohne einzustürzen, würde wohl auch modernen Spreng- und Brandbomben standhalten.

Und so war es die ganzen Jahre so gewesen, dass sobald die Sirenen heulten, Nachbarn der Oberstadt bei Tag und bei Nacht auf das alte Haus über dem Kirchhof zusteuerten und im dortigen alten Gewölbekeller verschwanden. Karl Gustaf Bast hatte dort Bänke und ein paar alte Stühle aufgestellt, damit sich wenigstens die alten Weiber setzen konnten. Auf einem Regal lagen die Gasmasken, die vorne an ihrem Schnabel mit einem Hakenkreuz „geziert“ waren. Der Keller war nur ein kleiner Schutzraum für einige direkte Nachbarn. Der weitaus größere befand sich im ehemaligen Eiskeller der Brauerei. Auch dieses Grundstück am Schlossberg hinterm Tor war im Besitz von Karl Bast, so dass er einen kleinen und einen großen Luftschutzraum sein Eigen nennen konnte.

Das waren Stunden der Angst dort unten im dunklen Keller, wenn auch noch der Strom ausfiel und man die donnernden Schläge der Bomben und das Heulen der Flack bis ins Mark spüren konnte. Schlimm war es, als man die Ludwighütte, Wallau und Dautphe bombardierte. Da wollten die Einschläge kein Ende nehmen.

Ein paar Bomben verfehlten ihr Ziel und gingen im Eschenberg nieder. Bei dem Schlag vibrierte das Gewölbe, und die Fensterscheiben im Haus darüber brachen. Nicht alle, aber einige.

Wenn es still war erzählten die Mütter ihren Kindern Märchen oder es wurden Lieder gesungen, die jeder gleich mehrstimmig intonieren konnte. Aber meistens war nur stille Angst zu hören.

Beim letzten Angriff vor Kriegende hatte ein junger Soldat, der in der Stadt war, vom Endsieg gesprochen. Da hatte die Dorothea nicht an sich halten können und dem frechen Jungen das Maul verboten. Dieser wollte die alte Frau daraufhin bei der Gauleitung anzeigen. Aber es war nicht passiert. Vielleicht war der junge Kerl noch freudig für seinen Führer gefallen, ein paar Tage vor dem Ende.

Aber nicht immer war es so gekommen. Als man eine Familie von Sinti aus dem Thauwinkel nachts aus ihrem Haus zerrte und mit Mann, Frau und Kind auf einen Lastwagen lud und davonfuhr, wusste jeder, dass da nicht alle lebend zurückkommen würden.

Karl Gustaf hörte es noch in seinen Ohren schallen. Es war ja auch durch geschlossene Fenster nicht zu überhören, als sich die SA und die NSDAP zwischen Rathaus und Kirche aufstellt und alle schrien:

„Unserem Führer und Reichskanzler Adolf Hitler, Sieg Heil, Sieg Heil, Sieg Heil!“ und unter Fanfaren und Marschmusik marschierten die braunen Horden vor dem Haus über dem Kirchhof herum, während ihre blanken Stiefel rhythmisch auf dem Kopfsteinpflaster aufschlugen.

Man hatte Hitler zum Ehrenbürger Biedenkopfs ernannt, obwohl er die Stadt nie betreten hatte. Nur Hermann Göring war mal hier gewesen. Ach, was hatten sich die Leute da die Seele aus dem Hals gebrüllt. Und jetzt, heute? Keiner wollte dabei gewesen sein.

Niemand hatte „Sieg Heil“ gerufen und niemand hatte gewusst, warum und wohin man die Sinti weggebracht hatte.

Noch einen Tag vor der Einnahme Biedenkopf durch die Amerikaner wollte ein hier mit einer Einheit stationierter Kommandant die US-Truppen mit Geschützen aufhalten und die Stadt verteidigen. Ein Geschütz sollte auf dem Schlossberg, das andere auf dem Eschenberg aufgestellt werden. Die US-Truppen kamen aus Richtung Wallau. Bei einem solchen Gefecht wäre die Oberstadt in der direkten Schusslinie gewesen. Und diesen vierten Stadtbrand hätte sicherlich nicht mal das Haus über dem Kirchhof überstanden.

Aber jetzt konnte man das Schild ja abschrauben. Karl Gustaf nahm es und warf es in einem hohen Bogen über den Zaun in den unteren Hofgarten.

„So ein verdammter Scheiß“, rief er dem Schild hinterher und verschwand schweigend hinter seiner Haustür.

Rettung in letzter Sekunde 18.01.2009

Er hatte schon immer von dem Haus über dem Kirchhof geträumt. Kannte er doch von Kindheit an alle Geschichten und Legenden, die sich um das Gebäude woben. Es war sein Traum, ein solch geheimnisvolles und geschichtsträchtiges Haus zu besitzen. Er wollte es bewohnen und erhalten. Ebenso sein Lebenspartner, der von einem Museum träumte. Wo konnte es dafür einen besseren Platz geben.

„Es hatte leere Augen", sprach er und dachte dabei an den Anblick, den das Haus vor einigen Wochen noch bot.

Es stand leer. Der Hofgarten war verwildert, der Zaun umgestürzt. Manche Besitzer hatten die Keller als Müllschlucker benutzt und ganze Gebäudeteile abgerissen oder einstürzen lassen. Auch der alte Turm war zugewuchert.

Seit vielen hundert Jahren war es das erste Mal, dass abends hier kein Licht brannte, dass im Winter niemand Feuer machte, niemand aus den Fenstern sah und niemand im Haus atmete.

Das Haus war in Grabesstille gesunken. Es hatte resigniert, sich selbst aufgegeben. Aber bei all diesem Verfall hatte sich das alte Haus irgendwie seine Würde bewahren können. Ja, es verfiel in Würde. Noch immer konnte es aus seiner Vergangenheit erzählen, auch wenn ihm einige den endgültigen Tod wünschten.

„Den alten Mist müsste man einfach wegbaggern!", hatte ein alter Mann gerufen, als er sah, dass sich jemand für das alte Haus interessierte.

Der Tod kam langsam. Zuerst wurde das Haus von den Besitzern verlassen, dann vermietet und zum Schluss in einer seiner Hälften erhalten, in der anderen aber einfach nur noch bewusst verwohnt. Es lag ja ohnehin im Sterben.

Aber jetzt sollte sich das Blatt noch einmal wenden. Sie hatten es gekauft. Beide Hausteile zusammen. Alles wieder zusammengeführt.

Mit dem unterschriebenen Kaufvertrag in der Hand betraten die beiden Männer das Haus über dem Kirchhof. Sie machten eine Flasche Sekt auf und stießen an, auf die Zukunft. Die Zukunft gemeinsam als Paar und die Zukunft in und mit dem Haus, das ihnen so wichtig war.

Wie von einem Windhauch, ohne, dass man jemanden sehen konnte, öffnete sich die Tür der Stube, die über all die Jahrhunderte einmal die schwarze Rauchküche gewesen war.

„Sie haben einen Vertrag unterschrieben!“, wisperte es leise aus einer Ecke.

„Haben sie es gekauft, oder zu Lehen erhalten?“, raunte es von der Treppe her.

„Wollen wir sie hier bei uns behalten, wenn ihre Zeit gekommen ist?“, brummte eine Stimme vom Fenster her.

„Ja, warum nicht. Sie lieben das Haus wie wir“, säuselte es an der ehemaligen Feuerstelle.

Unsichtbar, aber deutlich spürbar füllte sich der Raum mit immer mehr und mehr Lichtgestalten. Und alle beugten sich über den Kaufvertrag, um ihn zu sehen. Alle waren sie da:

Hartmut von Bidencap, die alte kranke Abba und die Ritter Crafft von Döring und Gumpert von Hohenfels, Eylung von Hurle und Kontz Ruhl, Else Deinhardt und Meckel von Münchhausen, Rudolf Knorre und der Raubritter von Dalwigk, Ludwig von Hohenfels auf der Pitze und Siegfried zum Paradies, einige Mönche vom Kugelkloster, die gelehrten Magister Imhof, Pincier und Vultejus, Maria von Breidenbach und ihr Bruder Caspar. Hartmann Schutzbar genannt Milchling und Hermann Schenck zu Schweinberg, Bastian Benner und Heinrich Schenckbar, die Walthers, und Schmittborns aller Jahrhunderte. Frau Zießler hielt ihr Töchterchen Hedwig liebevoll im Arm, die Witwe Kossmann und ihre Kinder, die Familien Bertram und Bast waren da und alle die hier gelacht, geliebt und gelebt haben. Die hier geboren wurden und gestorben sind. Männer, Frauen, Kinder und Alte. Hunderte, ja viele hunderte kamen und füllten mit unsichtbarem Hauch den Raum.

„Ja, sie werden bleiben!“ hauchte eine Stimme.

Anhang: Zwei Veröffentlichungen

Die Geschichte des Hofgartens und des Schenkbarschen Hauses im Licht neuer Quellen

In der Vergangenheit wurden über das Schenkbarsche Haus und den dazu gehörigen Hofgarten extrem unterschiedliche und zum Teil widersprüchliche Aussagen getroffen, die hier anhand neu aufgefundener Schriftquellen und neuer bauhistorischer Erkenntnisse überprüft und geordnet werden sollen.

Wie ungeheuer wichtig es ist, neue Dokumente und Belege für scheinbar Altbekanntes zu finden, zeigt ein Bild von 1840 (Bildarchiv Foto Marburg BilddateiNr. Fm417726), das das Schenkbarsche Haus erstmals mit den Resten seines Rundturmes zeigt. Bisher galt es immer als sicher, dass in Biedenkopf nur der Hexenturm als Rundturm erhalten war, alle anderen Türme seien Schalentürme.

Die Verwirrung bezüglich der Baugeschichte des Schenkbarschen Hauses beginnt in der Fachliteratur bereits mit der Lokalisierung des Hofgartens und des Hauses in der der Stadt.

So schreibt C.F. Günther in seinem Buch „Bilder aus der hessischen Vorzeit“ aus dem Jahre 1853 über drei Burgmannssitze in Biedenkopf. Zum einen nennt er das Haus eines „Schenken“ gegenüber der Kirche, dann die Döringsburg in der Obergasse und zuletzt einen Adelssitz der Herren von Breidenbach.

Mit dem Haus der Schenken scheint wohl das Schenkbarsche Haus gemeint zu sein, denn in diesem Zusammenhang wird all das erwähnt, was als Legenden über das Haus noch heute erzählt wird. Bei Günther ist von unterirdischen Gängen die Rede, deren Eingang in einem Nebengebäude im Hofgarten liegen sollen. Auch erwähnt er die Verlegung der Universität im Jahr 1563 in das Haus und die schwedischen Kanonen auf dem Dach im 30-jährigen Krieg.

Günther erwähnt auch den Sitz der Herren von Breidenbach in der sogenannten Hufenburg, die sich am Hofgarten unterhalb des Felsenkellers befinden soll. Dieser wird an der Eichpforte lokalisiert, also ist damit die heutige Klingelburg gemeint. Günther erwähnt im Zusammenhang mit der Beschreibung der Stadttore erneut die Eichpforte und die beiden Tore in die Unterstadt, die Marienpforte und die Hospitalpforte. Dann erwähnt er die Neue Pforte unterhalb des Felsenkellers, welche er in schlechtem Zustand und mit einer Wohnung für den Hirten überbaut antrifft. Diese Hirtenwohnung diente später zeitweise als Schulstube.

Hier wird deutlich, dass der Autor zwei Gebäude verwechselt hat und dabei sowohl den Hofgarten als auch den Felsenkeller gleichzeitig an zwei verschiedenen Enden der Altstadt verortet.

Dabei wird leider in tragischer Weise die blinde Literaturgläubigkeit der Vergangenheit, die teilweise bis heute andauert, vor Augen geführt, weil diese Verwechslungen völlig ungeprüft sowohl von Eugen Schneegans in den 1930er Jahren, als auch von Karl Huth in seinem Buch „Biedenkopf Burg und Stadt im Wandel der Zeit“ von 1977 übernommen wurden. Auch die Stadtverwaltung hatte diese Fehler bis vor Kurzem auf ihrer Homepage, von wo sie inzwischen aber verschwunden sind, von wo aus sie aber leider hundertfach in Geschichtsforen und Aufsätzen gepostet wurden und noch heute durch das Internet und sogar Fachliteratur geistern.

Die Verwechslung der beiden Gebäude könnte daher rühren, dass im Jahr 1490 zwei Vettern aus der Familie von

Breidenbach jeweils mit Burglehen bedacht wurden, wobei hier ausdrücklich die jeweiligen dazu gehörigen „Hausungen“ also Burgmannssitze genannt werden (HStAD, E14, 2/1). Es gab also zwei Breidenbacher Höfe in der Stadt. Einen bei der heutigen Klingelburg an der Eichpforte und einen weiteren über dem Hofgarten.

Frau Dr. Elsa Blöcher war 1969 die erste, die in ihrem in den Hinterländer Geschichtsblättern erschienenen Artikel „Das Haus Bei der Kirche 8“ das Schenkbarsche Haus mit dem Schultheiß Heinrich Schenckbar in Verbindung brachte. Sie schloss diese u.a. aus dem lateinischen Spruch, der bis heute die Eingangstür des Hauses ziert. Dort ist von der „glücklichen Gefolgschaft der Schencken“ die Rede. Blöcher las hier statt „schenckariana cohors“ nun „schencbariana cohors“. Heinrich Schenckbar war bisher nur über von ihm gesiegelte Urkunden als Schultheiß von Biedenkopf bekannt. Nun ist eine Urkunde (HStAM, Urk. 82,622) aus dem Jahr 1610 bekannt geworden, in der Landgraf Moritz seinem „Lieutnant und Schultheiß Heinrich Schenckbar“ den Hofgarten als Erblehen gibt. Hier ist zum ersten Mal der Namensgeber mit diesem Haus und dem Hofgarten in Verbindung zu bringen.

Dr. Blöcher schloss in ihrem Aufsatz aus den Lebensdaten des Schultheißen Schenckbar auf die Bauzeit des Hauses. Diese Annahme wurde scheinbar durch ein im Jahr 1987 durch das Institut für Bauforschung in Marburg vorgenommenem Gutachten bestätigt. Seither galt auch aufgrund der Altersbestimmung der Hölzer im Dachstuhl und der Westwand 1610 als Baujahr des Hauses, obwohl zu diesem Zeitpunkt, wie das Gutachten selbst erwähnt, das Haus als Ganzes gar nicht untersucht werden konnte.

In genau diesem Gutachten des IBD sind die ehemaligen Besitzer des Hauses seit Beginn des 19. Jahrhunderts benannt. Auf die Geschichte des Hauses in den letzten 200 Jahren möchte ich hier allerdings nicht näher eingehen. Lediglich die Familie Koßmann ist hier wichtig. Elisabetha Juliana Koßmann geb. Junghenn war die Witwe des Pfarrers von Geismar bei Frankenberg und lebte seit dem letzten Drittel des 18. Jahrhundert mit ihren fünf Kindern im Schenkbarschen Haus. Ein Sohn war Friedrich Koßmann, der in der rechten Haushälfte, heute Nr. 9, lebte, während seine Schwester Wilhelmina (verheiratet mit Christoph Plitt) links in der heutigen Haushälfte 8 wohnte.

Friedrich Koßmann bat um die Nutzung eines Kirchenstuhls und begründete dies damit, dass er ein Nachfahre der alten Patrizierfamilie Walther sei (HStAM, 111pNr 567). Hier bestand also eine verwandtschaftliche Verbindung der Familien, die das Haus nach und nach bewohnt hatten. Alle Erben der Witwe Koßmann gemeinsam versuchten im Jahr 1815, ehemalige Erbleihgrundstücke und damit auch den Hofgarten und das Haus käuflich zu erwerben. Diesem Gesuch wurde stattgegeben, womit das Haus endgültig zum Privatbesitz wurde (HstAM,110Nr7180).

Zur Hilfe bei der Erforschung kommt ein Rechtsstreit, der in den Jahren1764 bis 1777 geführt wurde. Hier versuchten die Familien Nagel und Pilger aus Dortmund, die von einem Amtsadvokaten Vogel aus Battenberg abstammten, ihren Anteil am Erblehen bezüglich des Hofgartens einzuklagen. Es handelte sich also um Erbstreitigkeiten (HStAM111eNr317 und HstAM110Nr7159).

Es ging um die Einkünfte aus dem Hofgarten und den Besitz des Hauses, in dem damals schon die Witwe Koßmann saß. Dieser wurde vorgeworfen, dass sie allen Nutzen daraus für sich und ihre Kinder alleine beanspruche. Des Weiteren scheinen die Zehnteinkünfte aus Dodenau (im Amt Battenberg), Mornhausen (im Amt Biedenkopf) und Ammenhausen (im Amt Blankenstein) in den meisten hierbei erwähnten Urkunden an den Hofgarten gebunden gewesen zu sein.

All diese Einkünfte und eben der Besitz des Hofgartens waren demnach verbunden mit dem sogenannten Waltherischen Erblehen. (HStAM, 110,7160) Neben vielen zum Teil sehr emotionalen Briefen an den Landgrafen in Darmstadt und vielen als Beleg beigefügten Urkundenabschriften früherer Dokumente, die das Lehen immer wieder bestätigen sollten, wurden auch Stammbäume und Ahnentafeln aufgeführt, um die entsprechenden Abstammung und Verwandtschaftsverhältnisse zu veranschaulichen. Hierin finden wir alle Schultheißen- und Rentmeisterfamilien des 17. und 18. Jahrhunderts wieder, die Schmidtborns und die Walthers und zum ersten Mal genealogisch einzuordnen die Familie Zießler. Auch wird immer vermerkt, wer wann der Lehensnehmer, also der Inhaber des Gutes, gewesen sei.

Durch weitere Dokumente konnte die Geschichte des Hauses zwischen 1610 und 1825 in Augenschein genommen werden. Bisher waren die Sachverhalte und hier besonders die Besitzverhältnisse nur über den Umweg bekannt, dass die Familie Nagel eben diesen erwähnten Erbschaftsstreit mit den restlichen Nachkommen der Schultheißenfamilie Walther geführt hatte. (HStAM, 110, 7160), (HStAM, 110, 7158), (HStAM 110,7180) und (HStAM, 110, 7157) Aus diesen Urkunden ging hervor, welchen Gang die Belehnungen für diesen Zeitraum nahm. Als erstes stößt man hierbei auf eine Wiederholung der bereits im Original bekannten Belehnung an Heinrich Schenkbar und gleich im nächsten Brief sollte sich klären, dass Schultheiß Walther nicht, wie vermutete mit den Schenckbars verwandt war, sondern dass er die Rechte am Haus und dem Hofgarten 1627 von Heinrich Schenkbar und dessen Erben gekauft hatte, er trat also nicht als Erbe, sondern als Käufer in das Erblehen ein. Eigentümer blieb weiterhin der hessische Landgraf, der den Walthers und ihren Nachkommen das Erblehen in regelmäßigen Abständen bestätigte.

Einen kurzen wenn auch parteiischen Überblick über die Verwandtschaftsverhältnisse in der Zeit zwischen 1630 und 1800 gibt ein weiterer Stammbaum, der als Beleg für die Erbansprüche der Familie Nagel im Dokument HStAM, 111 e, 317 beigefügt wurde. Auch über den Zeitpunkt der Teilung in zwei Haushälften und ebenso zu der Teilung des Grundstücks gibt das letzte Dokument (HStAM, 110,7180) Aufschluss. Im Jahr 1787 war die eine Haushälfte von der Witwe Koßmann bewohnt, von der die zukünftigen Besitzer ab 1810 in beiden Haushälften abstammen. Die andere Hälfte des Hauses bewohnte Frau Scriba, die Witwe des Pfarrers von Caldern, die sich aber verwandtschaftlich nicht der eigentlichen Lehensfamilie zuordnen lässt, wobei es auffallend ist, dass es sich um zwei Pfarrerswitwen handelt.

Die wichtigste Urkunde stammt jedoch aus dem Jahr 1577, also 33 Jahre vor dem angeblichen Baubeginn des Hauses. (HstAM,40f,393)

Hier listet Rentmeister Bastian Benner auf Befehl der Regierung alle Güter in der Stadt Biedenkopf auf, die der Landgraf „gemeinsam mit dem Breidenbacher Grund" zwei Jahre zuvor (1575) von den Schencken zu Schweinsberg und Schutzbar genannt Milchling gekauft hatte. Gesondert aufgelistet werden die „Gärten" und hier eben auch der „sogenannte Hofgarten" mit der „dazu gehörigen Hofstatt über dem Kirchhof gelegen".

Dr. Blöcher hatte in ihrem Aufsatz als weiteres Argument für die Datierung des Hauses auf das Jahr 1610 angeführt, dass kein Schenck jemals Besitz in Biedenkopf gehabt habe, was mit den jetzt entdeckten Urkunden als widerlegt gelten muss.

Warum aber musste oder wollte der hessische Landgraf Güter der Schencken und der Milchlings in Biedenkopf und dem

Breidenbacher Grund kaufen? Von der Sache her ist das eher unüblich. Eher gab der Landesherr einen Besitz als Lehen weiter, als dass er ihn sich selbst aneignete. Um das zu verstehen, müssen wir tief in die Geschichte des Hinterlandes im 16. Jahrhundert eintauchen. Am übersichtlichsten dargestellt ist der Zusammenhang in den „Hinterländer Geschichtsblättern" aus dem Jahr 1930 Nr. 3.

Johann von Breidenbach genannt Breidenstein wurde nicht wie zu erwarten von Landgraf Wilhelm III von Hessen (1471 - 1500) mit seinen Gütern belehnt, sondern durch den Grafen Eberhard zu Wittgenstein (1469–1494). Das geschah im Jahr 1491. Johanns Sohn Caspar erbte diese Güter und verstarb im Jahr 1541. Er hinterließ keinen männlichen Erben aber zwei Töchter. Die eine Tochter war mit Hartmann Schutzbar genannt Milchling und die andere Tochter mit Hermann Schenck zu Schweinsberg verheiratet. Als nun die beiden Schwiegersöhne Milchling und Schenck das Erbe antraten, wurde die Rechtmäßigkeit des Vorgangs von Anfang an durch die anderen Verwandten im Hause der Herren von Breidenbach angezweifelt und durch alle damals verfügbaren Instanzen bis hin zum Reichskammergericht eingeklagt. Zunächst wurde der Prozess von Heinz und später von Wolff von Breidenbach geführt. Anfangs bekamen die Schencken und die Milchlings von einem Marburger Gericht Recht und konnten den Besitz frei nutzen, ab den 60er Jahren des 16. Jahrhunderts schwankte die Rechtsprechung mal hin und mal her, bis sich auch der hessische Landgraf, der Graf von Wittgenstein und das Haus Nassau in den Streit einschalteten.

Die Schencken und die Milchlings hatten sich die Besitztümer durch eine Lehensbestätigung des Grafen von Wittgenstein sichern lassen. So war nicht nur die Hälfte des Breidenbacher Grundes, sondern auch alle Besitzungen und Güter des Caspar von Breidenbach genannt Breidenstein in und um Biedenkopf in ihren Besitz gelangt. Ihnen wurde deshalb von der hessischen Regierung sogar Landesverrat vorgeworfen, da sie unerlaubt den Lehensherrn gewechselt hätten. Die Sache schlug immer höhere, auch diplomatische, Wellen, bis der Landgraf von Hessen beschloss, der Sache durch den Ankauf der Güter ein Ende zu setzen. So kamen also alle Casparischen Güter, auch die in Biedenkopf, in den Besitz des Landgrafen.

Bei der Erforschung der Geschichte des Schenkbarschen Hauses galt es also jetzt nicht mehr nach Unterlagen über hessischen Landesbesitz zu forschen, sondern nach den Akten bezüglich dieses Rechtsstreites und nach Hinweisen auf Güter der Herren von Breidenbach. Über diesen Rechtsstreit sind die Unterlagen im Staatsarchiv vielfältig und sehr umfangreich. Jede einzelne Akte besteht aus mehr als 200 handgeschrieben Seiten. Mal argumentiert die eine, dann wieder die andere Seite mit Briefen, Zeugenaussagen und Abschriften älterer Urkunden.

Als erstes stößt man auf einen Vorgang nach dem Ankauf durch den Landgrafen aus dem Jahr 1598 (HStAM, 40 f, 391). Hier bittet der damalige Schultheiß Werner Walleck um die Belehnung mit dem Hofgarten. Zunächst führt der Schultheiß an, dass die ehemaligen Pächter Engelbach und Wagner das Gut vernachlässigt hätten, und dass er es lieber selbst bewirtschaften und wieder in Ordnung bringen wolle. Er habe auch schon damit begonnen, indem er am Hang zum Kottenbach Bäume gepflanzt und den alten Zaun durch einen neuen habe ersetzen lassen. Das klingt angesichts der unsicheren und sehr steilen Hanglage, die die Ostseite des Grundstückes bis heute prägt, logisch und sinnvoll. Außerdem spielt genau dieser heruntergekommene Zustand des Anwesens und der Außenanlage und hier besonders des Zaunes am Hang im Weiteren noch eine entscheidende Rolle.

Im Zusammenhang mit dem Verkauf an den Landgrafen oder zumindest in dieser Zeitspanne scheint sich die Bezeichnung Hofgarten für das gesamte Anwesen überhaupt erst durchgesetzt zu haben, denn im nächsten Dokument (HStAM, 257, B 341), nämlich den eigentlichen Auseinandersetzungen zwischen denen von Breidenbach einerseits und den Schencken und Milchlings andererseits wird immer von „unserem Hof am Hang des Burgberges zum Kottenbach hin“ die Rede sein. Dieser Garten bzw. dieser Hof, der im Dokument teilweise auch als „Sitz“ oder „Burgsitzhof“ und „Erbhof“ bezeichnet wird, ist dennoch eindeutig als der Hofgarten zu identifizieren: Nicht nur durch die Lage innerhalb der Stadt und mit Garten zum Kottenbach hin wie auch aufgrund seiner beschriebenen Hanglage, sondern auch durch den hier wieder mehrfach erwähnten und thematisierten Zaun, der scheinbar deshalb so wichtig war, weil er nicht nur den Garten einfriedete, sondern auch den Hang schützen sollte. Außerdem kam es im gleichen Dokument zum Streit zwischen der Stadt Biedenkopf und der Familie von Breidenbach wegen der entstandenen Rechnungen für die Ausbesserungen. Die Stadt stand auf dem Standpunkt, dass die Herren von Breidenbach zahlen müssen, da es hier schlichtweg um die Sicherung der eigenen Grundstücksgrenze derer von Breidenbach ginge und die Familie als Inhaberin eines Burgmannshofes ohnehin gemäß dem Lehensvertrag zu Wehr- und Schanzarbeiten verpflichtet sei. Dem gegenüber vertrat die Adelsfamilie den Standpunkt, dass die Stadt, wie damals üblich, selbst für ihre eigene Stadtbefestigung aufkommen müsse, auch wenn die Stadtmauer und die Wehranlagen mitten durch den Garten der Familie von Breidenbach verliefen. Auch in diesem Dokument wird der schlechte Zustand des Gutes beklagt und als Beweis dafür angeführt, dass eben die Schencken und Milchlings nicht pfleglich und pflichtbewusst mit dem Lehen umgegangen seien, was im Übrigen in den Forderungen an den

Lehensnehmer in solchen Belehnungsurkunden immer wieder extra aufgeführt wird und sozusagen bei Nichteinhaltung als Vertragsbruch gewertet werden und damit zum Entzug des Lehens führen konnte.

Die Dokumente reichen zurück bis ins Jahr 1541 und erwähnen hier auch noch ältere Belehnungen der Herren von Breidenbach mit nicht nur einem, sondern mit zwei Burglehen, jeweils mit den dazu gehörigen Behausungen innerhalb der Stadt (HStAD Bestand E 14 G in Nr. 2/1). So ist auch Teil der Auseinandersetzung, ob der Besitzer eines Burglehens unbedingt in der Burg oder in seinem Burgmannssitz wohnen muss, oder ob es reicht, diesen als Lehen erhalten zu haben, um ihn weiter zu verpachten oder sogar als Afterlehen[1] an Dritte weiterzureichen.

Was aber ist nun so ein Burgmannssitz genau? Hier möchte ich aus einem Werk zitieren, das eine schlüssige kurze Definition bietet (Thomas Biller: Burgmannensitze in Burgen des deutschen Raumes. In: Ettel, Peter (Hrsg.): La Basse-cour : actes du colloque international de Maynooth (Irlande), 23 - 30 août 2002 (Château Gaillard ; 21). Caen 2004, S. 7–16):

„Ein Burgmannshof oder Burgmannenhof bzw. Burgmannenhaus wurde vom jeweiligen Burgherren oder Landesherren in Städten mit Festungscharakter auf oder neben größeren Burgen als Wohnsitz eines Burgmannen oder einer Burgmannenfamilie angelegt. Die Höfe lagen oft in einer Vorburg oder in der Stadt in der Nähe der Stadtbefestigung. Teilweise dienten sie selbst zu Verteidigungszwecken. Die Burgmannen zählten zu den Ministerialen, das heißt ihnen unterlag die Hofhaltung, Verwaltung und sie wurden zu Verteidigungs- sowie Kriegsdiensten hergezogen. Zum Teil waren sie auch für die Abhaltung der „Gerichtstage“ in der Stadt verantwortlich. Aus den Ministerialen entstand zum Teil der niedere Adel. Für ihre Leistungen und Dienste bei der

Besitzverwaltung ihrer Herren sowie in deren Ritterheeren erhielten sie ein Dienstgut oder Lehen, über das sie dann im Laufe der Zeit frei verfügen und es vererben konnten. Bis ins 19. Jahrhundert hinein behielten die Burgmannshöfe ihre adlige Freiheit von allen städtischen Lasten, auch wenn sie schon in den Besitz bürgerlicher Familien gelangt waren. Bei den heute noch als Burgmannshöfe bezeichneten Gebäuden handelt es sich aber häufig nur um Nachfolgebauten aus der Zeit nach dem Mittelalter, an denen jedoch diese Rechte hingen"

Wenn also die Herren von Breidenbach zwei Burgmannssitze mit jeweiligen Burgmannshöfen in der Stadt hatten, so ist es einleuchtend, dass der eine Sitz wie überliefert auf dem Gelände der heutigen Klingelburg lag, und der andere mit dem späteren Hofgarten identisch ist. Das ergibt sich sowohl aus den Beschreibungen des Standortes als auch aus den in der Chronologie aufgeführten Quellen, die sich nun lückenlos, einem Zeitstrahl gleichend, durch alle Jahrhunderte ziehen. Bleibt nun noch die Frage nach dem frühesten Ursprung des Hauses.

Hier möchte ich eine noch frühere Quelle anführen. Es handelt sich um eine Urkunde über eine Zinsverlegung (HStAM, Urk. 45,2).

Hier wird beschrieben, dass Crafft Döring 1365 ein Haus, das „oberhalb des Kirchhofs" liegt, an Contz Rul verkauft hat, während „Eylung von Hurle dort wohnhaft ist". Ritter von Döring scheint bei der Kirche verschuldet gewesen zu sein, so dass er das Haus über dem Kirchhof zur Sicherheit gegeben hatte und die Zinsen wurden aus den Einnahmen aus diesem Anwesen gezahlt. Er musste das Haus aber „ledig und los", also frei aller Grundschuld, an Contz Rul übergeben, so dass er den „Zins", also die Belastung auf sein eigenes, ihm verbliebenes Haus umlegte. Der Zins betrug 3 Heller 20 Pfennige, eine damals durchaus bemerkenswerte Summe. So wurde also das Haus über dem Kirchhof schuldenfrei übergeben und die Döringsburg weiter belastet. Eylung von Hurle war wohl der Pächter, der sowohl unter Ritter Crafft von Döring, als auch später unter Contz Rul der Bewohner und Nutzer des Anwesens blieb. Wäre mit dem an Contz Rul verkauften Haus das Schenkbarsche Haus gemeint, wäre dies die bisher älteste Ersterwähnung aus dem Jahr 1365.

Kann das sein? Hier hilft der älteste Plan der Stadt, der im Zusammenhang mit dem Stadtbrand 1717 erstellt wurde und von Herrn Gerald Bamberger aufgefunden und in seinem Artikel in den Hinterländer Geschichtsblättern im Dezember 2013 ausgewertet wurde. Es liegen zwischen der Urkunde und der Erstellung des Plans zwar fast 400 Jahre, allerdings ist aus anderen teilweise besser dokumentierten Städten in der Geschichtswissenschaft und Archäologie bekannt, dass sich städtebaulich über die Jahrhunderte das äußere Gesicht einer Stadt immer wieder ändert, aber die Parzellierung gerade im Altstadtbereich über Jahrhunderte unverändert bleibt, da wie auch noch heute nicht die Gebäude verkauft oder als Lehen vergeben werden, sondern die jeweiligen Grundstücke, also Parzellen, da diese ja z.B. an unveränderliche Geländeformationen gebunden sind.

Man kann also davon ausgehen, dass die im Plan aufgezeichnete Parzellierung weitestgehend identisch ist mit der mittelalterlichen. Und hier fällt auf, dass fast alle Parzellen ausreichender Größe rund um die Kirche, also am Kirchhof, die innerhalb der Stadtmauern liegen, entweder seit eh und je städtisch oder kirchlich waren. Die einzige Ausnahme bildet eben die Parzelle „oberhalb“ des Kirchhofes, nämlich die des Schenkbarschen Hauses. Eine andere kommt rein geographisch nicht in Frage.

Außerdem gibt es mehrere Verbindungen zwischen den Geschlechtern der Ritter von Döring und der Herren von

Breidenbach. Die Herren von Breidenbach erbten nach dem kinderlosen Tod des erwähnten Crafft Döring alle seine Güter, außerdem bildeten die beiden Familien ohnehin eine sogenannte Ganerbengemeinschaft (HStAM, Urk. 49, 660 und HStAM, Urk. 49,651). Eine solche beinhaltete unter anderem ein Vorkaufsrecht bei verkauften Gütern, die Mitgliedern der Ganerbschaftgemeinschaft gehören. Es entspricht also der Regel, dass die Herren von Breidenbach von ihrem Vorkaufsrecht Gebrauch machten, als die Familie Rul das Haus wieder veräußern wollte. So oder so wäre das Haus in den Besitz der Herren von Breidenbach gekommen. Damit liegt die Wahrscheinlichkeit, dass sich die Urkunde auf das Schenkbarsche Haus bezieht bei weit über 99 Prozent. 100-prozentig wird es aber nie zu beweisen sein, da dieser Vorgang zu tief im echten Mittelalter stattgefunden hat. Es sei denn, dass auch hier wieder ein zukünftiger, unglaublicher Zufallsfund zur Hilfe kommt, wie so unerwartet oft im Fall des Schenkbarschen Hauses.

Für die Zeit vor 1575 sind mit Ausnahme von Eylung von Hurle im 14. Jahrhundert und den Pächtern Engelbach und Wagner kurz vor 1600 die Namen der Pächter nicht überliefert, sondern nur die der Eigentümer beziehungsweise der Inhaber des Lehens. (Hierzu auch: HStAM 19a,934 und HStAM 40 f, 391)

Es gibt lediglich eine weitere Ausnahme. Im Dokument (HStAM, 257, B341) bezüglich des Rechtsstreites zwischen den Schencken und den Milchlings einerseits und der Familie von Breidenbach andererseits ist von einer in der Urkunde nicht namentlich genannten Schwester des Caspar von Breidenbach die Rede, die den Hof auch bewohnte. Die Schencken warfen ihr vor, dass sie das Haus und den Garten habe „verwusten“ lassen und keine Reparaturen vorgenommen habe, obwohl sie doch dort „Wohnung hatte“. Das war im Lehensrecht eine schwerwiegende Anschuldigung, denn der

Lehensnehmer war dazu verpflichtet das Gut baulich und wirtschaftlich in Ordnung zu halten. Bei Verstoß durch Missachtung konnte dem Lehensnehmer sogar das Lehen entzogen werden. Ob das Haus in den 20er und 30er Jahren des 16. Jahrhunderts tatsächlich so heruntergekommen war, oder ob es eine Taktik der Schencken war, die ehemaligen Lehensleute schlecht zu machen, bleibt offen. Klar ist nur, dass ausgerechnet in dieser Zeit, nämlich 1527, eine Reparatur stattgefunden hatte, die erst in diesem Jahr dendrochronologisch nachgewiesen werden konnte. Man hatte 1527 also die nordöstliche Hausecke reparieren lassen.

Auf genau diese naturwissenschaftlichen Untersuchungen, aber auch auf spezielle Funde in und um das Haus herum soll zum Schluss kurz eingegangen werden. So hat eine im Juli 2017 durchgeführte dendrochronologische Untersuchung ergeben, dass tragende und nicht auswechselbare Holzteile des Gebäudes aus dem Jahr 1527 und Teile einer Innenwand aus den Jahren 1577/78 stammen. Weitere dendrochronologische Untersuchungen sind geplant. Außerdem wurden vielfältige aus dem Mittelalter stammende Funde innerhalb des Hauses gemacht, wie beispielsweise in Fußböden und Wänden, die durch das Denkmalamt auch entsprechend datiert wurden. Auch gibt es eine Rauchküche, deren Abzug (Rauchhaus) nicht auf dem Dachboden, sondern unterhalb des 2. Stockwerkes endet, was auf eine Aufstockung vor 1600 schließen lässt, da sich im Raum darüber, der keinerlei Ruß aufweist, Wandausmalungen aus der Zeit vor dem 30-jährigen Krieg befinden. Auch aus diesem Grunde ist damit definitiv ausgeschlossen, dass es sich beim Schenkbarschen Haus um einen einheitlichen Baukörper aus dem Jahr 1610 handeln kann.

Den ältesten Teil bildet aber der Keller mit dem angesetzten Rundturm an seiner südöstlichen Ecke. Dieser 6 x 8 Meter große Keller wurde zwei Meter tief in den anstehenden Felsen gehauen und mit einer nahezu vier Meter hohen Tonne überwölbt. Der Sandsteinbogen unterhalb des Kellerhalses wurde kürzlich auf eine Entstehungszeit vor ca. 1350 datiert. Der Keller selbst, wie auch der Turm sind in einer Bauphase zwischen etwa 1150 und 1350 entstanden. Leider ist das einfach gefügte Mauerwerk nicht genauer datierbar. Eindeutiger ist ein in den Felsen gehauener Gang zu datieren, der möglicherweise zur Entwässerung des Gewölbekellers diente und innerhalb des Turmes entlangführt. Ähnliche Baulichkeiten sind aus dem nahen Marburg bei Grabungen an der Stadtmauer dokumentiert und dort in eine Zeit um 1180 zu datieren. Allerdings ist der Biedenkopfer Gang bedeutend aufwändiger ausgeführt. So wurde er über mehrere Meter lang einen Meter tief in das anstehende Grundgestein geschlagen und seine Wände glattpoliert, darüber ein Gewölbe eingepasst. An seinem Ende befindet sich eine Art Sickergrube, die ebenfalls in den gewachsenen Felsen getrieben wurde und ebenso polierte Wände aufweist. Dieser Gang wird noch Gegenstand weiterer geplanter archäologischer Untersuchungen sein.

Man kann also zusammenfassend als aktuellen Wissenstand formulieren, dass das Schenkbarsche Haus seinen Ursprung als Burgmannssitz der Ritter von Döring in einer Zeit vor oder spätestens um 1200 herum genommen hat. 1365 wurde es in einer Urkunde im Zusammenhang mit einem Verkauf zum ersten Mal urkundlich erwähnt. Ab etwa 1400 war es als Burgmannssitz an die Herren von Breidenbach als Lehen vergeben und wurde 1541 durch Erbe an die Schencken und Milchlings übergeben. Aufgrund des daraus folgenden Erbstreits kaufte der hessische Landgraf das Haus und den Hofgarten im Jahr 1575, um das Gut danach zunächst als Lehen und später als Erblehen an seine Amtsleute zu vergeben. Bis zur Privatisierung im Jahre 1815 blieb das Haus durchgängig das Amtshaus der Schultheißen und teilweise auch der Rentmeister für das Amt Biedenkopf. Spätestens ab 1815 war das Haus in zwei Hälften geteilt und wurde erst 2009 wieder zu einer Einheit zusammengeführt. Bauhistorisch besteht es aus Bauabschnitten aller früheren Jahrhunderte auch vor 1610, wenn auch Heinrich Schenckbar durch seinen groß angelegten Umbau dem Haus in diesem Jahr sein heutiges äußeres Erscheinungsbild gab.

Das Schenkbarsche Haus Teil II

Zweiter Teil der Geschichte des Hofgartens und des Schenkbarschen Hauses im Licht neuer Quellen

Nachdem in der letzten Abhandlung die Geschichte des Biedenkopfer Gutes und damit auch des dazu gehörigen Hauses ab etwa 1540 bis zum heutigen Tage nahezu lückenlos dargestellt werden konnte, ergaben sich bisher zwei größere Lücken in der Geschichtsschreibung. Bekannt und gesichert war, dass das Gut ab etwa 1500 in den Besitz der Herren von Breidenbach genannt Breidenstein gekommen war, und dass es im Jahre 1365 von dem Ritter und Edelknecht Krafft von Döring an den Bürger Kunz Ruhlen verkauft worden war. (HStAM, Urk. 45, 2 und u.a. HStAM, 257, B 341)

Nun kann anhand weiterer Quellenfunde die Zeit zwischen 1365 und 1532 erschlossen werden und es können durch weitreichenden Austausch mit Fachleuten aus vielen Wissenschaftsgebieten und abschließend einer Begehung und Begutachtung durch Archäologen des Landesamtes auch einige Aussagen zur Vorgeschichte vor 1365 getroffen werden.

Ausgangspunkt der Ausführungen soll eine Urkunde über einen Schiedsspruch zwischen den Vettern Heinz und Caspar von Breidenbach sein, die unter Zeugen am 10. März 1532 aufgesetzt wurde. (HstAM, Urk 49, 719)

Neben einer Auseinandersetzung über das rechtmäßige Eigentum bezüglich des Burglehens von Biedenkopf und eines Gutes in Friedensdorf ging es auch um die beiden Höfe der

Breidenbacher genannt Breidenstein in der Stadt Biedenkopf. Wie aus dieser Urkunde hervorgeht, hatte Heinz von Breidenbach den Hof an der Eichpforte, also die heutige „Klingelburg" bekommen, was Caspar von Breidenbach lange nicht hinnehmen wollte. Caspar als der Älteste der Linie sollte sich mit dem „geringeren" anderen Hof in der Stadt begnügen, bei dem es sich wie in Teil 1 dargelegt um das heutige Schenkbarsche Haus handelte. Man einigte sich aber in dem Dokument darauf, dass es hier beim Status-Quo bleiben solle. Caspar von Breidenbach behielt das andere, unbedeutendere Gut, welches er im Dokument als das „Knorengut" bezeichnete. Klar war anfangs nur, dass es sich bei dem bisher unbekannten Namen „Knorengut" also um eine alte Bezeichnung für den späteren Hofgarten und damit das Schenkbarsche Haus handeln musste. Klarheit brachte aber erst ein Blick in die weitere Vergangenheit.

Kunz Ruhlen, der das Haus über dem Kirchhof 1365 gekauft hatte, stammte ursprünglich aus Biedenkopf. Er war der Sohn von Konrad Wypracht und Metze Pfefferkorn. Später ging er als Schöffe nach Frankenberg und trat als Witwer am Ende seines Lebens in das Johanniterkloster Wiesenfeld ein. Sein Erbe trat seine Tochter Else an, die mit dem Frankenberger Schöffen und Bürgermeister Kunz Deinhard verheiratet war. Else verstarb 1403 als Mitglied einer sehr reichen und angesehenen Patrizierfamilie. Sie hatte eine Tochter mit Namen Gertrud, die sogar in den örtlichen Adel einheiratete, nämlich den 1456 verstorbenen Werner von Münchhausen, dessen Mutter wiederum eine geborene Pfefferkorn war. Aus dieser Ehe gingen vier Kinder hervor: Heinrich war Priester und Stiftsherr auf der Amöneburg, Femel war Nonne im Kloster Ahnaberg bei Kassel und die jüngste Tochter Katharina war Äbtissin im Kloster Caldern. So ging das weltliche Erbe an die einzige verheiratete Tochter Meckel über, die um 1440 den

Fritzlarer Schöffen Rudolf Knorre heiratete. (ZfhGL Band 79, S. 138 + Band 95 Cordus NF und Hessische Familienkunde Band 10 und Band 12, Heft 7)

Hier bekommt das „Knorengut“ aus der Urkunde von 1532 einen Sinn. Es war das Gut, welches die Familie Knorre in Biedenkopf besessen und von Kunz Ruhlen geerbt hatte.

Interessant ist es, sich den Familienverband der Knorres und ihrer Verwandten einmal näher anzusehen. Wir haben es hier nicht nur mit einem der mächtigsten und reichsten Patriziergeschlechter des Spätmittelalters im oberhessischen Raum zu tun, die reich mit Lehen und eigenen, also allodialen, Gütern ausgestattet waren, sondern die auch immer wieder ihren Einfluss bis in höchste Kreise der Gesellschaft ins Spiel brachten.

Besonders beispielhaft für die Familienpolitik der Knorres ist das Geschehen rund um ein Liebesverhältnis zwischen dem Raubritter Reinhard von Dalwigk und Barbara Knorre, die eine Nichte von erwähntem Rudolf Knorre und der Meckel von Münchhausen war. (Christoph von Rommel: Geschichte von Hessen. 2. Teil, Hampe, Kassel 1823, S. 326)

Reinhard von Dalwigk galt nicht nur als reich und geldgierig, sondern auch als jähzornig und streitsüchtig. So war er bis zu seinem Tod 1461 in zahlreiche Fehden und Raubzüge verwickelt, die sich durch ganz Ober- und Niederhessen zogen. Er war dafür berüchtigt, dass er bei seinen Raubritterzügen ganze Dörfer plünderte und in Brand setzte. Dafür wurde er von Landgraf Ludwig dem Ersten 1443 des Landfriedenbruchs angeklagt. Da sich Reinhard geschickt mit den Gegnern Hessens, dem Mainzer Erzbischof und dem Grafen von

Waldeck, verschwor, wurde er auf der legendären Weidelsburg belagert und musste fliehen. Er soll auf der Weidelsburg eine nahezu fürstliche Hofhaltung betrieben haben.

Von den Truppen des Landgrafen gesucht, versteckte er sich im Haus der Barbara Knorre, verliebte sich in diese und zeugte eine Tochter mit ihr, die den Namen Nese erhielt. Zu diesem Zeitpunkt war Reinhard aber noch mit Agnes von Hertingshausen verheiratet, so dass Nese Knorre unehelich zu Welt kommen musste. Kaum war seine Frau 1459 gestorben, heiratete Reinhard von Dalwigk seine Barbara Knorre, legitimierte damit seine Tochter und setzte diese und die Mutter zu Alleinerben ein. Hierüber gibt es vielfältige Urkunden als Beleg (u.a. HStAM, Urk. 85, 3407 oder HStAM, Urk. 110, 229). Die Tochter Nese entschied sich aber für das Klosterleben, so dass auch das Erbe des Ritters von Dalwigk der Familie Knorre und deren Nachkommen zufiel.

Auch durch weitere Ehen und Bündnisse aller Art vergrößerte sich der Reichtum und die Macht des wachsenden Familienverbandes. Hier müssen wir zunächst anmerken, dass der Begriff der Familie in der Zeit des Hochmittelalters ein ganz anderer war, als er sich nach heutigen Maßstäben der Kleinfamilie darstellt. Unter den Begriff Familie fielen nicht nur Eltern, Kinder, Geschwister oder Enkel, sondern auch Vettern und Basen, Tanten und Onkel bis in den vierten oder gar fünften Verwandtschaftsgrad und auch die angeheiratete, verschwägerte Verwandtschaft, so dass wir hier von sehr großen Sippen oder Klans sprechen können, die sich in sogenannten Ganerbschaften von zum Teil mehreren hundert Personen zusammenfanden. Aus dem Mittelalter sind viele solcher Ganerbschaftsverträge überliefert. Das gemeinsame Eigentum an Allodialbesitz, Lehen oder damit verbundenen Einkünften wie etwa Gülten oder Pachten wurden als

Gemeinschaftsbesitz der Ganerbschaft verstanden und bei speziellen Anlässen wie etwa Erbteilungen oder der Ausstattung von Mitgiften neu verteilt, so dass jedes Mitglied einer solchen Ganerbschaftssippe sicher sein konnte, dass für jeden gleichermaßen für materiellen Wohlstand gesorgt werden konnte.

Einen solchen Stammbaum zu zeichnen oder schriftlich darzustellen, sprengt jeden Rahmen. Mit Hilfe von mehreren erfahrenen Genealogen ist es allerdings gelungen, die familiären Verbindungen, Verwandtschaften und Verschwägerungen zu ordnen. Hierbei sind nicht nur die Hefte der Hessischen Familienkunde und die neue Methode der Internetgenealogie hilfreich, sondern speziell die Erkenntnisse und Zusammenhänge, die sich aus dem Güterverzeichnis von Friling von 1343 ergeben. (ZdVfhGuL 1968 Band 7, S.138ff) Dieses Güterverzeichnis ist zwar für die Klärung der Besitzverhältnisse bezüglich des Schenkbarschen Hauses zeitlich zu früh, leistet aber hervorragende Dienste bei der Klärung langfristiger Verflechtungen und Verwandtschaftverhältnissen.

Zum Ganerbschafts- und Familienverband der Knorre zählten auch die Patrizierfamilien Friling aus Frankenberg, Iwan und Katzmann aus Fritzlar, Rotzmul aus Alsfeld, Im Hofe genannt Rode und die Familien von Martorf und „Zum Paradies“, die sich aufgrund ihrer ursprünglichen Herkunft auch von Bidencapp nannten, sowie letztendlich durch mehrfache gegenseitige Einheirat auch die seit der Mitte des 15. Jahrhunderts doch recht verarmte Familie von Hohenfels aus Biedenkopf, Eckelshausen und Amönau. Aus hunderten Urkunden ist gut ersichtlich, wie sich die Teilfamilien im ausgehenden Mittelalter hier gegenseitig mit Lehen ausstatteten, beerbten, unter einander heirateten, beschenkten, Lehen und Güter und Einkünfte verkauften und beliehen.

Hervorheben lassen sich hier noch einmal die Familien Im Hofe und Zum Paradies, die nicht nur durch Reichtum und politischen Einfluss auffallen und beide sowohl zum bürgerlichen Patriziat als auch zum Adel zählen, sondern auch zur intellektuellen Elite des ausgehenden Mittelalters. So wird beispielsweise Heinrich Im Hofe genannt Rode in nahezu allen Urkunden als „Magister der Sieben freien Künste" bezeichnet. (z.B. HStAM, Urk. 17, 181) Dieses Studium der Fächer Grammatik, Rhetorik, Dialektik, Arithmetik, Geometrie, Musik, Astronomie galt als Grundlage für das Studium der drei Fakultäten Theologie, Recht und Medizin. Man konnte Magister Heinrich also ohne Übertreibung zu den früh-humanistischen Gelehrten seiner Zeit zählen. Und das Jahre vor der Gründung der Universität. Er war es auch, der im Jahre 1478 sein gesamtes Vermögen an eine Stiftung übertrug, die zur Gründung des Kugelklosters in Marburg führte. Mit Recht galten die dort ansässigen „Brüder vom gemeinsamen Leben" als stille Vorboten der Reformation. Sie waren in ihrer theologischen Ausrichtung ausschließlich der mystischen Betrachtung der Heiligen Schrift und ihrer Auslegung, sowie der humanistischen und klassischen Bildung verpflichtet. (Academia Marburgensis; Bd. 1 (1977): Beiträge zur Geschichte der Philipps-Universität Marburg. Für den Fachbereich Geschichtswissenschaften hrsg. von W. Heinemeyer, Th. Klein, H. Seier. Marburg 1977. [Beiträge: Heinemeyer, Karl: Die Marburger Kugelherren als Wegbereiter der Universität (S. 1–48); Heinemeyer, Walter: Zur Gründung des universale studium Marburgense (S. 49–92))

Auch die Familie „Von Bidencapp Zum Paradies“ stach in ihrer gesellschaftlichen Stellung heraus. Ihren Ursprung hatten sie in Biedenkopf. Schon in der Kölner Urkunde von 1196, in der der Ort Biedenkopf seine Ersterwähnung fand, wurde der Name des Geschlechtes „de Bidencapp“ genannt. Sigfrid von Bidencapp war bereits um 1260 einer der ersten Schultheißen von Biedenkopf. Er war mit Meckel Im Hobe verheiratet. Die immer wieder durch Heirat wiederholte verwandtschaftliche Verbindung dieser beiden Familien begann also schon in der Frühzeit der Stadtgeschichte. Im 14. Jahrhundert verzog die Familie nach Marburg und baute ein besonders schönes und auffälliges Haus, das als „Paradies“ bezeichnet wurde. Bald schon wurde diese Bezeichnung auch zum Namensbestandteil der Familie. Aber der gesellschaftliche Aufstieg war noch nicht beendet. Siegfried von Bidencapp Zum Paradies wurde vom Erzbischof von Mainz erzogen und schon sehr bald gemeinsam mit seinem Freund und wahrscheinlich auch Verwandten Rudolf Ruhle als Berater und Günstling an den Hof Kaiser Karls IV gerufen. Mit Ruhle, der zunächst Probst von Wetzlar, dann kaiserlicher Notar und später Bischof von Verden wurde, nahm Siegfried von Bidencapp Anteil an der Weltpolitik seiner Zeit. In seinen späteren Jahren wurde er Bürger der Stadt Frankfurt, heiratete Katharina zum Wedel, wurde kaiserlicher Reichsschultheiß und zeitweise Frankfurter Bürgermeister. In ihren Funktionen korrespondierten Siegfried Zum Paradies und Rudolf Ruhle mit Fürsten, Königen und Päpsten. (Rudolf Jung: Sigrid zum Paradies. In: Allgemeine Deutsche Biographie (ADB) Band 34 D) (wikipedia.org/wiki/siegfried zum Paradies (gesehen 08.03.2018)); (Waldemar Küther: Rudolf Ruhlvon Friedberg, Propst zu Wetzlar, Bischof von Verden und Notar Kaiser Karls IV. in: Archiv für hessische Geschichte und Altertumskunde NF 37, 1979, S. 79–151)

Wer aber wohnte während all dieser Zeit im Gut in Biedenkopf? Die Eigentumsverhältnisse lassen sich sehr gut nachweisen und nachvollziehen. Über die Pächter und wirklichen Bewohner des Hauses schweigen die Quellen hingegen meist. Üblich war es, dass die Patrizierfamilien einzelne Verwandte oder Familienmitglieder zur Verwaltung in die entsprechenden Güter setzten. Vergleicht man die Daten aus dem Biedenkopfer Stadtbuch und dem dort enthaltenen Verzeichnis der Einbürgerungen, so ist auffällig, dass genau die Namen (Nachnamen) der Patrizierfamilien und ihrer Verwandten dort verzeichnet sind, die in den Stammbäumen der eben erwähnten beteiligten Familien vorkommen. Es liegt also nahe, dass diese Personen sozusagen im Auftrag der Gesamtsippe das Gut bewohnten und verwalteten. Längst nicht alle Namen sind dort überliefert, aber beispielhaft seien hier in alphabetischer Reihenfolge genannt: Henne im Hobe (eingebürgert 1422), Gelchin Rodenhusen (Bote 1411), Werner Rudolf „Ruhl" (Bote 1395), Sibel Ruß (Bote 1432), Hermann yn Steinhaus (1445 Bürgermeister) und Heintze Uff dem Reyne (Bote 1425). All diese Familiennamen, sofern man zu dieser frühen Zeit schon davon sprechen kann, sind also auch ein Bestandteil des weitläufigen Stammbaums der Nachfahren von Kunz Ruhlen oder sind mit seinen Nachkommen verwandt oder verschwägert. Interessanterweise häuft sich die Funktion als Stadtbote immer wieder, was auch daran liegen könnte, dass sowohl der Wohlstand als auch die räumlichen Gegebenheiten rund um das Schenkbarsche Haus das Halten eines Pferdes ermöglichte, was wiederum zur Ausübung dieser Botentätigkeit notwendig war. (Elsa Blöcher, Beiträge zur Geschichte des Hinterlandes, Das Stadtbuch von Biedenkopf, S.395ff) Da es im 15. Jahrhundert aber weder Einwohnermeldeämter und auch noch keine durchgängig geführten Salbücher etc. gab, lassen sich die Bewohner leider nur vermuten. Nur in den seltensten Fällen, wie etwa bei Eylung von Hurle 1365 oder dem Boten

Nolde 1477, wurden sie eher zufällig in den Urkunden extra erwähnt.

Im Rahmen von vielfachen Güterverschiebungen war auch das „Knorengut“, also der spätere Hofgarten, immer wieder innerhalb dieser Familien hin und her verschoben worden, bis der Marburger Schöffe Siegfried zum Paradies, wahrscheinlich ein Nachkomme oder naher Verwandte des eben erwähnten anderen Siegfrieds, im Jahre 1477 dem Biedenkopfer Bürger Ludwig von Hohenfels und seiner Frau Grete sein Haus und alle dazu gehörigen Nebengebäuden in Biedenkopf zum Erblehen übergab. Die dazu gehörige Gülte, eine Naturalabgabe, betrug 9 Turnosen Geld und ein Huhn, die Hohenfels jährlich in der Marburger Wohnung des Lehensgebers abzuliefern hatte. Vorher hatte der Biedenkopfer Stadtbote Nolde (der Schwiegersohn von Henne von dem Dornhobe) das Gut zur Pacht für 9 Schillinge Marburger Währung und ebenfalls einem Huhn jährlich inne. (Urkundensammlung der Universität Gießen, Nr 105, Regest Eckhardt I, 347)

Jetzt war das ehemalige Gut der Knorren endgültig in der Hand der einheimischen Adelsfamilie von Hohenfels, die seit Jahrhunderten in Biedenkopf als Rittergeschlecht ansässig war und in früherer Zeit viele wichtige und einflussreiche Ämter inne hatte. Lediglich die an den Grund und Boden gekoppelte Gülte musste ähnlich der heutigen Grundsteuer weiter an die zuständigen Rechtsinhaber entrichtet werden. Und genau diese Gülte war es, die einige Jahre später noch einmal unabhängig vom Besitz des eigentlichen Gutes weiterveräußert wurde.

So verkaufte im Jahre 1485 Katharina, die Witwe des Henn von Martorf, die eine Schwester des Ludwig zum Paradies (Sohn des Siegfried zum Paradies) war, die zum Haus in Biedenkopf gehörige Gülte an ihren Schwager Henn Iwan, der damals Bürgermeister in Fritzlar war. Des weiteren wird in derselben Urkunde erwähnt, dass das Haus dem Ludwig von Hohenfels gehörte. (UniA Marburg, Urk. 91, 204)

Bereits vier Jahre später, also 1489, verkaufte dessen Sohn Eitel Iwan als Schöffe in Fritzlar die Gülte weiter. Diesmal an das Brüderhaus zum Löwenbach in Marburg, das man später das Kugelkloster nannte. Die Mönche dort wurden also nun Empfänger der zum Haus in Biedenkopf gehörenden Gülte. Die Höhe der jährlichen Zahlungen hatten sich seit dem Erbleihbrief von 1477 nicht geändert. Weiterhin waren 9 Turnosen Geld und ein Huhn zu liefern, nur eben jetzt an das Kloster in Marburg. (UniA Marburg, Urk. 91, 212)

Interessant ist noch zu erwähnen, dass Ludwig von Hohenfels in der letzten Urkunde als „Ludewig Pütz“ bezeichnet wird. Den Beinamen „Ludwig von Hohenfels auf der Pitze“ trugt dieser schon lange auch in anderen Urkunden. Lange wurde über die Bedeutung des Wortes „Pitze“ gerätselt. Hier müssen wir in die Geschichte der Sprachentwicklung schauen. Im Mittelhochdeutschen, aber auch im Frühneuhochdeutschen bedeutet Pitze eben nicht Pfütze, sondern es ist eine Bezeichnung für ein Baumgrundstück mit Obstbäumen. Heute würden wir Streuobstwiese dazu sagen. In Biedenkopf gab es ähnliche Flurbezeichnungen genau zweimal. Zum einen wurde eine „kleine Pitz“ genannt, die sich im Frauental befand, und dann noch die „Pfütze“, die das Gelände bezeichnete, auf dem sich heute der Bahnhof befindet. Das Bahnhofsgelände muss allerdings vor der Trockenlegung im 19. Jahrhundert tatsächlich einer feuchten Pfütze geglichen haben. Auf jeden Fall befanden sich beide Bereiche für das Hochmittelalter viel zu weit außerhalb der Stadtbefestigung und in unerschlossenem Gelände. Für das Wohnhaus eines Ritters lassen sich wohl beide Grundflächen ausschließen, so dass Ludwig von der Pitze sich auf ein Grundstück innerhalb der Stadtmauern bezogen haben muss, eben auf den zum Haus über dem Kirchhof gehörenden Hofgarten. Dieser ist, wie man auf alten Zeichnungen und Stichen noch bis in die 1860er Jahre gut erkennen kann, übersäht mit Obstbäumen. Es liegt also auch inhaltlich nahe, dass dies die „Pitze" ist, auf der unser Ritter und Bürger Ludwig von Hohenfels wohnte.

Zum Anderen ist es auffällig, dass Hohenfels in der ersten Urkunde als Bürger bezeichnet wird, obwohl er doch definitiv adeliger Herkunft war. Hier kündigt sich bereits das Ende des Mittelalters an und der Übergang zu Renaissance. Standesregeln galten nun doch weniger als das große Geld, und die Hohenfels waren in dieser Zeit nicht nur hoch verschuldet, sondern regelrecht verarmt.

Nun schlug aber das Schicksal gleich zweimal zu, denn lange Freude an Ihrem Eigentum oder Ihrer Gülte hatten beide Seiten nicht. Auf der einen Seite beendeten Familienereignisse die Gegebenheiten und auf der anderen Seite das religionspolitische Weltgeschehen.

Ludwig von Hohenfels hatte nur einen Sohn, Adolf, der nicht nur einen Dienst als Burgmann in Auerbach bei Bensheim antrat und damit die Heimat weiträumig verließ, sondern er starb 1505 auch noch kinderlos, so dass das Geschlecht der Hohenfels zu Biedenkopf damit komplett erlosch.

Ein letztes Mal tauchten die Hohenfels zu Biedenkopf in einer Urkunde aus dem Jahre 1491 auf. Adolf von Hohenfels (jetzt zu Auerbach) bat darin Graf Johann zu Nassau auch im Namen aller seiner Angehörigen und Erben, nicht mehr ihn und seine Familie, sondern künftig die Herren von Breidenbach mit den Gütern zu belehen (HHStAW, 170 I, U 2138). Die Herren von Breidenbach und die von Hohenfels waren nicht nur seit uralten Zeiten wechselseitige Erben auch per Ganerbschaftsvertrag, sondern auch damals nahe Verwandte. Die Großmutter von Ludwig von Hohenfels auf der Pitze war Adelheid von Breidenbach, von der über Johann und Arnold von Breidenbach auch Caspar von Breidenbach abstammte, der das Gut übernehmen sollte. So also ging der Hofgarten und das Haus über dem Kirchhof an die Herren von Breidenbach über. Das Haus Hohenfels selbst starb in den folgenden fünfzig Jahren in allen Linien komplett aus, zunächst die Linie in Amönau und zum Schluss die Hohenfels zu Eckelshausen. Nach dem Heimfall aller Lehen an den Landesherren und der Übertragung aller Güter an die Herren von Breidenbach war im Jahre 1569 die über 600-jährige Historie des Rittergeschlechts der Hohenfels endgültig nur noch Geschichte. (siehe u.a. hierzu HHStAW, 171, Z 980)

Aber auch über das Kugelkloster in Marburg brach die Weltgeschichte herein. Bis 1527 konnten die Kugelherren im Kloster mit ihren 9 Turnosen Geld und ihrem Huhn rechnen, zunächst von den Hohenfels, dann von den Breidenbachs. Nach 1527 wurde die Reformation in Hessen eingeführt und die Klöster wurden aufgelöst. Die Besitzungen der umliegenden Klöster gingen entweder in den Besitz des Landgrafen oder in das Vermögen der neu gegründeten Universität in Marburg über. Es wurden durch Landgraf Philipp Vogteien für die aufgehobenen Klöster gegründen, die den ehemaligen Besitz und die Einkünfte verwalteten und der Universität zur

Versorgung der Professoren und anderen Aufgaben zuführten. (Springer, Klaus-Bernward, Die deutschen Dominikaner in Widerstand und Anpassung während der Reformationszeit, 1999). Wir können also davon ausgehen, dass auch in den Jahren nach der Reformation die Gülte von den Herren von Breidenbach und später von den Schencken und den Milchlings weiter an die Vogtei und damit die Universität gezahlt wurde. (UniA GI, Zentrale Universitätsverwaltung 1, Allg. Nr. 671 – 763 (Einnahmen Ausgaben Vogtei des Kugelhauses)). Dies mag erst geendet haben, als 1575 der Landgraf selbst das gesamte Gut käuflich erwarb (siehe ersten Teil dieser Abhandlung)

Es liegt nun nahe, eine These aufzustellen, die aber noch nicht durch Urkunden belegt werden kann, jedoch in ihrer Logik nahe liegt. Der Überlieferung nach soll im Jahre 1563 die Universität wegen der in Marburg herrschenden Pest den Weg ins spätere Schenkbarsche Haus gefunden haben. In dieser Zeit waren gleich zwei Professoren im Universitätsdienst beschäftigt, die nicht nur Vettern waren, sondern beide ihre familiären Wurzeln in Biedenkopf hatten. Es waren dies der Mediziner Johann Pincier (1521–1591) und der Altphilologe Justus Vulejus (1529-1575). (Hessische Familienkunde, Band 13, Heft 4, 1976) Es läge also durchaus nahe, dass Vultejus mit den jüngsten seiner Studenten sozusagen nicht nur in die Stadt seiner Vorfahren, sondern eben auch in das Gut dort floh, welches der Universität durch die Zahlung einer jährlichen Gülte ohnehin verpflichtet war.

So können wir also jetzt die Geschichte des Schenkbarschen Hauses, das einmal das Haus über dem Kirchhof, dann das Knorrengut, dann die Pitze und später auch der Hofgarten war, lückenlos seit mindestens 1365 in Augenschein nehmen.

Was zum Schluss noch bleibt, ist ein Blick in die graue Vorzeit vor 1365. Hier schweigen die schriftlichen Quellen bisher. Was wir wissen ist, dass das Gut vor Kunz Ruhlen dem Rittergeschlecht von Döring gehörte. Ob das von Anfang an so war, oder ob es auch im Besitz anderer Geschlechter war, bleibt bisher unbekannt.

Ein wenig mehr Klarheit über das Alter der einzelnen Gebäudeteile haben mehrere Besuche von Fachleuten und Bauforschern und vor Kurzem von einem Team von Archäologen des Landesamtes für Denkmalpflege gebracht.

Eindeutig und einhellig war die Datierung aller steinernen Gebäudeteile ins Hochmittelalter. Die Mauern, auf denen das Haus und die Stallungen ruhen, gehören in jedem Fall zur ursprünglichen Stadtbefestigung. Es handelt sich um romanische Mauern in der typischen Bauweise zwischen 1100 und 1300. Die Ersterwähnung Biedenkopfs als Stadt, also als „castrum et oppidum", stammt aus dem Jahr 1254. Da Biedenkopf in dieser Urkunde bereits als bestehende Stadt Erwähnung findet, kann man davon ausgehen, dass die Befestigungsanlagen zu diesem Zeitpunkt bereits bestanden haben. 1232 wird Biedenkopf als „villa" bezeichnet. Auch eine „villa" kann bereits einfache Befestigungen aufweisen, oder besteht öfter aus mehreren in sich befestigten Einzelhöfen, die sich um eine Kirche gruppieren. Die Ersterwähnung Biedenkopfs, die am frühesten datiert, stammt von 1196. Hier wird zwar nur der Name erwähnt, aber es belegt dennoch, dass der Ort, in welcher Form auch immer, bereits bestanden haben müsste. Irgendwann zwischen diesen Jahren muss die Stadtmauer demnach errichtet worden sein, also vermutlich zwischen 1232 und 1254. („Biedenkopf, Landkreis Marburg-

Biedenkopf", in: Historisches Ortslexikon lagis-hessen.de/de/subjects/idrec/sn/ol/id/9442 (Stand: 9.2.2018))

Das Haus ruht demnach auf Mauern, die vermutlich um 1240 errichtet wurden. Da keine Baunaht zwischen den Mauerteilen und dem darauf aufliegenden Gewölbe des großen Kellers nachweisbar ist, muss auch dieser aus der gleichen Zeit stammen. Bautechnisch ist dies auch durchaus möglich. Der Rundturm, der sich an die süd-östliche Hausecke anschließt, weist große bauliche Ähnlichkeiten mit Bauteilen auf der Burg auf. Aufgrund der Ähnlichkeit in der Bauweise zum Bergfried auf dem Schloss, der in die Zeit um 1160 datiert wird, wäre es sogar möglich, dass der Turm bereits vor 1240 sozusagen als Teil eines bereits bestehenden Gebäudes der „Villa Bidencapp" entstand. Verbunden ist der Turm mit dem Keller durch einen Kriechgang. Dieser endet nach etwa vier Metern im Fundament des Turmes. Die hierin gefundenen Gefäßscherben wurden ebenso in eine Zeit um ca. 1200 (+/- 100 Jahre, da keine Randscherbe erhalten geblieben ist) datiert. Weitere Scherbenfunde aus der Schildmauer des Kellers und dahinter waren eindeutiger zu datieren, da es sich um Randstücke handelte. Darunter befand sich eine Tüllenkanne und ein Kugeltopf aus der Zeit um 1200. Ebenso wurde ein Bruchstück einer mittelalterlichen Wasserleitung aus Ton gefunden. Biedenkopf verfügte demnach bereits vor ca 700 Jahren über eine funktionstüchtige Trinkwasserversorgung.

Einen weiteren Anhaltspunkt gibt der romanische Rundbogen aus Sandstein, der den Zugang zum Keller bildet. Für die Datierung des Bergfriedes auf der Burg wurden auch die Bearbeitungsspuren des dortigen Sandsteinbogens herangezogen. Bei beiden Bögen wurde zum abschließenden Bearbeiten glatter Flächen kein sogenanntes Scharriereisen benutzt, das erst ab etwa 1200 überhaupt üblich wurde, und auch die Anzahl der verbauten Einzelsteine und ihre Anordnung lässt laut Fachleuten auf eine Entstehungszeit vor 1300 schließen. In jedem Fall ist die Lage des Hofes oberhalb der Hauptkirche in direkter Nachbarschaft zu Markt und Wasserversorgung verglichen auch mit anderen besser belegten Städten und Ortschaften typisch für den Bereich einer „Keimzelle“, also den frühesten Siedlungsraum.

Zusammenfassend kann man festhalten, dass es sich auch im Zusammenhang mit den Außenanlagen, dem Kriechgang und dem Turm um einen Gewölbekeller aus der Zeit um 1240 handeln könnte, was insgesamt nahe liegt. Die eigentliche Funktion des Kriechganges konnte bisher nicht weiter geklärt werden. Die Interpretationen hierüber gehen von der These eines Zuflusses zu einer außer Betrieb gestellten mittelalterlichen Zisterne, über einen kultischen Zusammenhang zum nahe gelegenen Kirchhof (im Sinne eines Erdstalls) bis hin zu einem banalen Versteck für Dinge und Personen in schweren Kriegszeiten. Da es hierzu keinerlei Quellen gibt und auch die wissenschaftliche Aufarbeitung solcher Phänomene noch in den Kinderschuhen steckt, muss hier bisher durchaus die Phantasie bemüht werden. Auf jeden Fall bleibt der Kriechgang nach wie vor ein in unserer Region geheimnisvoller Einzelfall aus dem Mittelalter, der möglicherweise auch in Zukunft noch weiteren Generationen Rätsel aufgeben wird.

In jedem Falle können wir festhalten, dass es in Biedenkopf kein zweites Gebäude außerhalb der Burg gibt, das einen so großen Anteil an der Geschichte der Stadt und der Region genommen hat, wie das Schenkbarsche Haus. Auch wenn weite Teile des Fachwerkbestandes aus der Zeit zwischen 1527 und 1610 stammen, so war doch zumindest der Keller, die

Grundmauern und der Turm Zeuge der gesamten über 750-jährigen Stadtgeschichte.

Bedanken möchte ich mich besonders bei Herrn Andreas Dolata aus Kiel, nicht nur, weil er selbst ein Nachfahre sowohl von Kunz Ruhlen als auch der Amtsfamilie Walther ist, sondern weil ohne sein Wissen die genealogischen Zusammenhänge nicht hätten erschlossen werden können. Ein weiterer Dank gilt Herrn Bamberger, meinem Partner Christoph Kaiser und dem Archäologen-Team aus Marburg, ohne deren Beratung und Tipps so viele Erkenntnisse nicht zustande gekommen wären.

Insgesamt und in Kurzfassung kann man die Geschichte des Schenkbarschen Hauses folgendermaßen zusammenfassen:

Von ca. 1240 bis 1365 Burgmannshof ansässiger Rittergeschlechter, zuletzt der Herren von Döring, 1365 bis 1477 unter der Bezeichnung „Knorrengut“ im Besitz verschiedener versippter Patrizierfamilien, 1477 bis 1541 Erbhof der Adelsfamilien Hohenfels und Breidenbach, 1541 bis 1575 Besitz der Adelsfamilien Schenck zu Schweinsberg und Schutzbar genannt Milchling, 1575 bis 1610 landgräflich hessisches Lehen der jeweiligen Biedenkopfer Schultheißen und Rentmeister, 1610 bis 1815 Erblehen der Amtsfamilien Schenckbar, Walther, Zießler und Schmidtborn, 1815 bis 2009 geteilt in zwei Haushälften Privatbesitz mehrerer bürgerlicher Familien, 2009 bis heute wiedervereintes privates Wohnhaus und Privatmuseum.

Impressum

ISBN: 9789463860239

Illustrationen: Christoph Kaiser
Covergestaltung: Elvis Benner

Verlagsportal: bookmundo.de
Gedruckt in Deutschland

Die Deutsche Nationalbibliothek verzeichnet diese Publikation in der Deutschen Nationalbibliographie.